门店标准化盈利复制

李一环◎著

中国商业出版社

图书在版编目（CIP）数据

门店标准化盈利复制 / 李一环著. -- 北京 : 中国商业出版社, 2025. 7. -- ISBN 978-7-5208-3434-6

Ⅰ. F717

中国国家版本馆 CIP 数据核字第 2025WH8143 号

责任编辑：石广华

中国商业出版社出版发行

（www.zgsycb.com 100053 北京广安门内报国寺 1 号）

总编室：010-63180647　编辑室：010-83118925

发行部：010-83120835/8286

新华书店经销

香河县宏润印刷有限公司印刷

*

710 毫米 ×1000 毫米　16 开　16 印张　230 千字

2025 年 7 月第 1 版　2025 年 7 月第 1 次印刷

定价：88.00 元

* * * *

（如有印装质量问题可更换）

推荐序

在服务连锁品牌和每个月开门店标准化公开课时，我发现了一些连锁门店的经营现状，和大家交流一下，希望能给大家一些启发，同时也告诉各位老板，不是只有你一家企业是这样，而是几乎所有的企业都一样，老板不用过度担心，门店少，会有门店发展难题；门店多，则会遇到门店扩张问题。

老板现状：

在现实中，很多门店老板都是技术出身，如餐饮的厨师、牙科的医生，有些人甚至还具有销售岗位和管理岗背景，但新时代的老板不仅要懂产品、品牌、战略、供应链、人才复制、门店标准化，还要有财务、营销等技能傍身，要想做连锁企业老板就更不容易了。比如，店长能力不够，事事请教，总是发愁；下属能力太强，山头林立，更是愁上加愁。放权后，不听连锁总部指挥，很难；收权后，门店业绩开始下滑，更难！你是杀鸡给猴看，还是建立一套长治久安的门店标准化自动化运营管理机制？做老板难，做连锁门店老板更难。

市场现状：

门店全方位地卷，卷产品、卷流量、卷价格、卷组织力、卷门店模型、卷投资、卷现金流，仅靠产品好还远远不够，开连锁门店已经是高门槛了。每一个连锁门店的老板都知道，经营门店并不是很轻松、很暴利的事情，不仅背着涉及门店转让费、装修、房租、水电、商品库存、门店设备、店员人工成本，还要给外卖平台分成，顾客的无端差评，让开店创业的老板如履薄冰。

员工现状：

现在的店员都已经解决了温饱问题，见识多，追求多，要求多，不再是仅仅追求一份工资、一份工作，他们要心情愉悦，要学到技能，要有成就感和幸福感，更要有发展希望，这就对连锁企业提出了更高的要求，如薪酬绩效、晋升机制、人才复制能力、店长管理能力、门店标准化等都要跟上。否则，店员就会离职，门店人才就会青黄不接和人才断档，客户满意度降低，门店利润就会下滑，最后哪有人才开新店呢？所以，连锁企业表面上是商品和门店，其实是人才标准化复制。

竞争现状：

客户不允许企业慢慢成长，竞争不允许企业慢慢成长，成本不允许企业慢慢成长，员工不允许企业慢慢成长，房东不允许企业慢慢成长，最直接的结果就是，老板白头发多、晚上睡不着。门店创业不易，不论是普通大众，还是行业精英，如果还抱着“门店简单、门店好干、门店赚钱”的想法，那么房租一定会给你好好上一课。门店是勤行，苦活、累活，不允许你偷一点懒。不要以为创业自由，做老板自由，开店后你就会发现，你每天都得待在店里，根本走不出门店，别人放假你上班，别人上班你还是上班。

招商加盟现状：

“躺在加盟商身上赚大钱”的连锁品牌已经成为过去式，为加盟商赋能，让产品畅销，让加盟商盈利，让加盟商有方法，为加盟商提供标准化流程，为加盟商培训人才，不再是一句口号，只想收割加盟费、产品费和设备费的品牌，只会昙花一现。培训中心也不能只有两个人，一个是老板，另一个是前台，想想如何让加盟商多店运营盈利吧。

老板是一会儿特别自信，一会儿特别怀疑，不断在特别自信与特别怀疑之间来回跳动，所以不是谁都能做老板的。老板在怀疑自己时，还要给团队“方向 + 信心”，因为企业发展过程中有太多的不确定，老板“在压力下工作 + 快速反应 + 快速决策 + 说服团队 + 团队共识 + 执行方案”这个过程已经淘汰掉很多人。我服务过的一位开有 1 000 家连锁店的老板说，成功，10% 是靠老板个人精力旺盛和拥有强烈的进取心及梦想，90% 是靠强而有力的团队，团队则来自“门店标准化盈利复制”有标准、有流程、有训练，有考核，就像任正非说的：“方向要大致正确，组织要充满活力。”

开店看似门槛低，跨过门槛是堵墙。有人败兴而退，有人千店连锁，有人苦苦坚持，有人运筹帷幄。

连锁门店持续盈利扩张方法论是：单店盈利体系 × 门店标准化 × 复制力。

连锁门店的竞争力是：体系的竞争。

所以，创业过程中梦想和懂生意都要有。

在生存中，企业能发展一定是：懂生意；

黑暗时刻，能扛下去的一定是：有梦想。

称职的老板：自己有方法。

优秀的老板：建立标准化。

伟大的老板：变成造梦者。

前 言

人类文明发展史就是“标准化”发展史

什么是连锁企业的标准化？在讲连锁企业标准化之前，首先来看一下中国标准化的第一人到底是谁？

其实，中国早就有人做了标准化，且影响了中国几千年，这个人非常伟大，包括中国目前很多机制运用的都是他当时提炼出来的。他就是“千古一帝”秦始皇。

秦始皇统一六国后，做了一件事，即书同文、车同轨、统一度量衡、改币制、郡县制。

什么叫书同文？古代文字，同样一个“马”字，有几十种写法，写法很难统一，他就统一了文字，改进了文字。

什么叫车同轨？车距不同，有的是 1 米多，有的是 0.8 米多，有的是 0.6 米多，轨迹自然也就不一样，很容易搞坏道路，马车维修成本也非常高。

统一度量衡？就是尺寸，然后，钱币也进行了统一。

统一了这些之后，好处如下：统一了文字，就能将政令上传下达，大家都能看懂这个文字；车轨同步了之后，每个地方的城市道路都一样，轨道、轨迹、马路都一样；度量衡全国统一，实现了买卖公平。

书同文、钱币、度量衡统一，为什么要做标准化呢？秦灭了六国，如同大公司吞并了六家小公司，每个公司都有自己的文化，有自己的制度，都有自己的想法和遗留下来的东西。这时候，肯定要统一管理和规范，实施标准化，门店也是一样。所以，不是说 A 店是怎样的，B 店是怎样的，店长每天的工作流程、每周工作的流程、辅导流程、培训流程、销售流程等都要进行规范化和标准化。

秦国统一之后，从文字、度量衡等进行了统一，让交流变得更加方便、简单。车轨相同之后，马路是一样的，维修的成本就降低了；钱币统一，人员交流、货物流通也变得非常方便。可见，门店标准化，可以降低成本来运营，变得更加高效。

人类的发展史实际上就是一种标准化的发展史，我们现在用的文字是古代发明的，尺子等工具都是从古代不断迭代进化过来的，所以人类史其实就是一种标准化的发展史，每一次的改进都是为了下次做得更好。连锁企业同样如此，先制定自己的标准，然后进行改进，否则就不知道怎么做或全凭感觉去做。

门店标准化让企业：增值
选址标准化让门店：成功
店长标准化让门店：盈利
销售标准化让客户：复购
训练标准化让人才：多多
督导标准化让政策：落地

成功的企业都在经营成功的方法论，将成功的知识和经验沉淀下来，变得可复制，简单易操作，以往的经验就能被后人使用，新员工不用再继续摸索工作，就能减少试错成本。实现了门店标准化，我们就能复制人才、扩张门店、招商加盟、提升利润……

可惜很多门店老板都想学绝招，想快速提升利润，想裂变招商加盟，期望一个促销活动收回成本，后来发现没有效，然后就开始改变商业模式、用股权激励、拉店长入股，结果依然不能取得理想的效果。老板不敢面对企业存在的严峻问题，又找不到根本原因；想要降本增效，却又不想费时费力地做门店标准化盈利复制。其实，只有真正的强者才敢于自我批评，任正非说“烧不死的鸟是凤凰，从泥坑中爬起来的人就是圣人”，正确认识“痛苦 + 反思 = 成长”的公式，将眼前的痛苦视为成长的信号，深度反思，才能打破原有的认知。

连锁门店老板的主要任务是，让小概率成功事件变成大概率，变成流程，变成可复制，变成门店标准化，变成公司的单店盈利方法论，从一个店长成功变成 N 多店长成功，从一个门店成功变成区域门店成功，把一个成功方法告诉 100 个人，而不是告诉一个人做这件事情有 100 种方法。

老板将权和利都集中于自己手上，老板认知的天花板就会成为企业的天花板，而企业家认知升级的速度决定着企业的成长速度，无论多么英明神武的企业家，都会有认知老化、跟不上时代的那一天，要想持续突破自身认知的天花板，就要为企业建立流程，标准化、工具、制度、人才复制体系、靠体系、靠标准化。

没有门店标准化：时间是老板最大的敌人；

实现门店标准化：时间是老板最好的朋友；

门店标准化盈利复制：让老板从一个胜利走向另一个胜利。

门店标准化：让流程变得简单；

门店标准化：让管理变得高效；

门店标准化：让经营变得盈利；

门店标准化：让客户变得满意；

门店标准化：让利润变得更高；

门店标准化：让老板变得轻松。

从本质上来说，连锁扩张就是从战略、商业模式、单店盈利、多店经营、连锁扩张、人才培养等角度做成复制，实现利润的翻番。

记住：

门店最高的效率是一次做对：标准的力量！

门店最快的进步是人人做对：复制的力量！

任何企业的“子弹”都是有限的，所以“先瞄准，再开枪”。

门店标准化就是“精确复制”。

有店长标准化：确保门店工作有效进行；

有销售标准化：确保客户持续满意购买；

有督导标准化：确保区域市场盈利提升；

有训练标准化：确保人才源源不断复制；

有选址标准化：确保开店盈利评估保证。

目录

第一章　解密门店标准化盈利复制

第二章　门店选址标准化手册

第三章 店长标准化手册

第四章 门店销售标准化手册

第五章 门店督导标准化手册

第六章　门店人才训练标准化：训战结合

第一章

解密门店标准化盈利复制

不是我们有 1 万家店有门店标准化，是因为有门店标准化才有 1 万家店。

连锁门店标准化，构建门店盈利扩张体系，个人能力就能变成企业智慧：单店盈利保证，人才批量复制，加盟商能赚钱，让管理更效率，人货场销运营。

企业缩小规模就会失去竞争力，而扩大规模的同时如果不能有效管理，也会面临死亡。

门店最高效率是一次做对：标准力量。

门店最快进步是人人做对：复制力量。

一、门店标准化盈利复制2能1懂5有

客户是永远都存在的；客户需求永远都在变化中；单店盈利模型有没有升级；客户体验流程有没有升级；店长运营管理有没有升级；督导工作技能有没有升级；销售话术技巧有没有升级；门店标准流程有没有升级。

老板要知道：门店标准化以打胜仗作为战略规划；门店标准化以持续盈利扩张来提炼；门店标准化以提高效率和提升利润。所以，门店运营管理不在于知而在于行。

管理是一种实践，其训练场在企业，在门店；管理不是验证其逻辑，而是在于成果，在于盈利，如果不能改变现状，学习就没有任何意义。一个公司不可能是常胜将军，当出现危险时，内部队伍不乱，店长训练有素，企业就会少一分危险，要胜利，要成功，要盈利，就要不断提高合格店长技能，优化门店标准化流程，所以创业光靠信念和梦想是不够的，我们需要方法、流程、人才将它落地并持续盈利。

（一）门店标准化进化论

第一代：形象标准化。重点在于：注重门店外观 LOGO 的形象和统一。

第二代：制度标准化。重点在于：建立规范的门店管理制度，上班下班请假。

第三代：管理标准化。重点在于：仪容仪表、商品管理、设备管理、客户管理。

第四代：运营标准化。重点在于：根据销售数据，诊断门店业绩，商品畅销滞销分析。

第五代：盈利标准化。其以盈利为核心，根据不同的门店模型设计门店盈利公式：如社区店、旗舰店、店中店、美食街店等并结合客户购买逻辑和购买流程，设计客户体验流程，同时考虑门店的可执行性方法、流程、考核等，全面构建门店的标准化盈利体系。

比如，加盟商要的不是产品，不是门店，不是LOGO形象，而是一套门店盈利体系，门店复制体系+引流拓客体系+销售成交体系+金牌店长体系+门店运营管理体系+客户维护复购体系。

标杆营销研究院：李一环老师是第五代“门店标准化盈利复制”方法论创造者。

连锁企业每一位管理者都要懂门店标准化复制。

什么是流程和制度？说白了，就是做事的程序和纪律。比如，医生上手术台前必须洗手，这就是纪律。洗手必须包括手臂；必须用消毒液涮涮手指和手掌；必须洗三次，每次一分钟以上……这就是流程。

连锁企业运转的过程就像一个大齿轮（连锁总部）带着几十个中齿轮（区域市场），中齿轮带着几百个小齿轮（门店）在运转，几百个小齿轮（门店）最后产出结果（利润）又反哺带着大齿轮（连锁总部）运转。因为门店是在变化、不确定复杂和模糊的市场中生存发展的，连锁店老板要思考：哪些是不变的，如何用有规律、有标准的力量面对变化。连锁门店运营管理的基本功是：单店盈利+门店标准化盈利复制。

为什么做连锁企业这么难？

在产品上，老板应该是一个实用主义者、心理学家，还应该是一个艺术家、美学家和专家。

在生产上，老板应该是一个制造科学家；在管理上，老板应该是一个哲学家；在市场上，老板应该是一位营销专家；在发展上，老板应该是一位战略专家。

比如，干餐饮，需要熟悉很多内容，从选品类（面馆还是烧烤）到模型（单店盈利、自营还是加盟）、从选址（社区店还是购物中心店）到运营（堂食还是外卖），从招人（雇人还是招合伙人）到营销（怎么做抖音，怎么做私域）。从“价格竞争，上升到价值竞争”“从口味好坏，上升到审美情趣”，从人才培养（招店长还是店长标准化复制）到薪酬绩效（怎么考核、怎么晋升）等，所以老板不是那么好做的，很容易掉头发，也因此长白发的老板比较多。

（二）门店标准化盈利复制 2 能 1 懂 5 有

如图 1–1 所示。

对面的老板看过来，看过来，看过来，这里的门店标准化复制很精彩，请不要假装不理不睬。让老板有新的左膀右臂。

李一环的第五代门店标准化盈利复制方法论，即“2 能 1 懂 5 有”，是一个全面而系统的门店管理框架，旨在通过标准化和复制化提升门店的盈利能力和扩张能力。

门店运营管理进化论：1.0 靠老板情感，2.0 靠能人管理，3.0 靠合伙激励，4.0 靠门店标准。

以下是对该方法论的具体解析。

1. 第五代门店标准化盈利复制：2 能

（1）能盈利。门店的核心目标是盈利，如果不能盈利，连锁门店也就成了“假连锁”。这要求门店必须具备清晰的单店盈利模型和门店盈利公式，明确关键盈利指标，并通过持续的数据分析和策略调整来优化运营。不能盈利，假连锁。

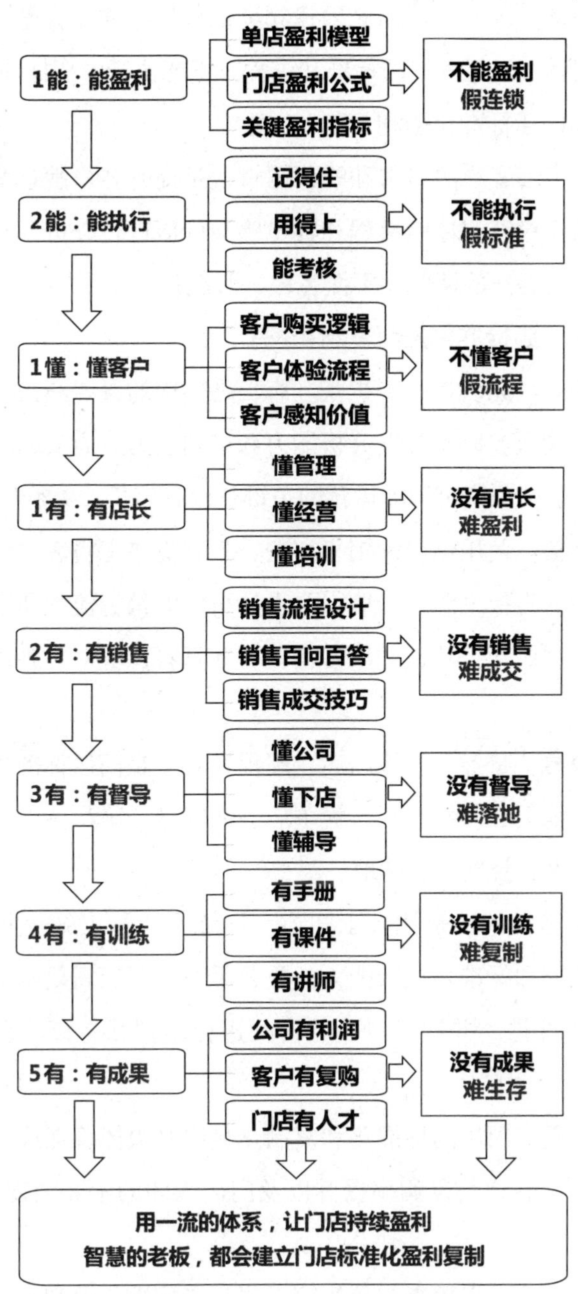

图1-1　门店标准化盈利复制2能1懂5有

（2）**能执行**。不管标准和流程有多好，若不能被店长和店员有效执行，那也是空谈。因此，门店必须建立可执行的标准和流程，确保员工能够记得住、用得上、能考核的标准和流程。不能执行，假标准。

2. 第五代门店标准化盈利复制：1 懂

懂客户。了解客户的需求和购买逻辑，是提升客户满意度和忠诚度的基础。门店需要对客户体验流程和客户感知价值进行分析，不断优化服务和产品，以满足客户的期望。不懂客户，假流程。

3. 第五代门店标准化盈利复制：5 有

（1）有店长。无店长，不扩张。店长是门店的灵魂和指挥官，必须具备管理、经营能力，以及数据分析能力和培训能力。店长标准化复制是确保每个门店都能按照既定标准运营的关键。没有店长，难盈利。

（2）有销售。使用错误的销售方法，只会更快地将客户赶出门店。销售是门店盈利的直接来源，门店需要设计科学的销售流程和销售方法，培训销售人员掌握成交技巧，并准备销售百问百答以应对各种情况。没有销售，难成交。

（3）有督导。督导是区域门店业绩提升者，是门店标准化执行的监督者和指导者。他们必须懂公司、懂下店、懂辅导，确保各项标准和流程得到有效执行。没有督导，难落地。

（4）有训练。培训是让员工知道，训练是让员工知道并做到，训练是提升员工技能和标准化执行能力的重要手段。门店需要制定标准化的训练手册和 PPT 课件，并配备专业的讲师进行培训和考核。没有训练，难复制。

（5）有成果。门店的标准化和复制化最终必须体现在成果上，包括公司的利润增长、客户的复购率提升以及门店人才的不断涌现。没有成果，难生存。

许多连锁企业在采用李一环的第五代门店标准化盈利复制方法论后取得了显著成效。这些企业通过标准化复制实现了门店数量的快速增长和盈利能力的持续提升；同时，客户体验也得到了显著提升，品牌影响力不断扩大。

> **连锁门店老板一定要知道：**
> **门店标准化手册，是老板新的左膀右臂；门店标准化复制，是永远不会离开老板。**

这里，还要说一下第五代门店标准化盈利复制与其他门店标准化在多个方面存在的差异。

1. 核心目标

第五代门店标准化盈利复制的核心目标是提升门店的盈利能力和复制能力，而其他门店标准化可能更侧重于提高门店的运营效率、服务质量或品牌形象等方面。

2. 标准化体系

第五代门店标准化盈利复制构建了一套全面的标准化复制体系，包括门店盈利、客户体验、店长执行、考核体系及训练复制等多个维度。而其他门店标准化可能只关注某些方面的标准化，如门店形象、设备管理、服务流程等。

3. 盈利能力提升

第五代门店标准化盈利复制特别注重盈利能力的提升，通过提炼门店盈利指标、优化门店运营流程、提升服务标准等措施，确保门店在运营过程中始终保持盈利状态。而其他门店标准化虽然也关注盈利，但可能更侧重于成本控制、销售技能提升等方面，缺乏系统性的门店盈利能力提升策略。

4. 复制能力

第五代门店标准化盈利复制强调复制能力的重要性，通过店长标准化复制、销售标准化复制等措施，确保新门店和加盟商能够快速掌握标准化运营技能，实现快速盈利和扩张。而其他门店标准化虽然也关注复制，但可能更侧重于门店形象的复制或管理模式的复制，缺乏盈利复制和长期发展的战略考虑。

我们会画树，会画房子，会画太阳，会画鸟，会画河流，却不能将它们组成一幅美妙的山水画，更无法变成价值连城的艺术品。就像三保家电李总所说，我们的成功经验就像一颗颗钻石，在墙角，是没办法穿起来变成价值连城的首饰的，现在听了李老师的课，穿起来，就变成价值不菲的钻石项链。所以，要梳理门店成功经验变门店标准化，店长经验、销售经验、管理经验，将门店成功经验沉淀为可传承的经营智慧。

门店标准化标准体系：是让你做对；门店标准化训练体系：确保你会做；门店标准化督导体系：是持续做对。

很多连锁企业做招商加盟的口号是：让你开店不操心、让你创业更放心、让你创业更简单、我们有整店输出、8 大服务、9 大支持等，多数门店老板不知道的是：没有门店标准化盈利复制，一切都是浮云。

门店老板一定要知道：

门店标准化是生意增长放大器；门店标准化是连锁扩张稳定器；

门店标准化是持续盈利核武器；门店标准化是客户满意扬声器；

门店标准化是招商加盟加速器。

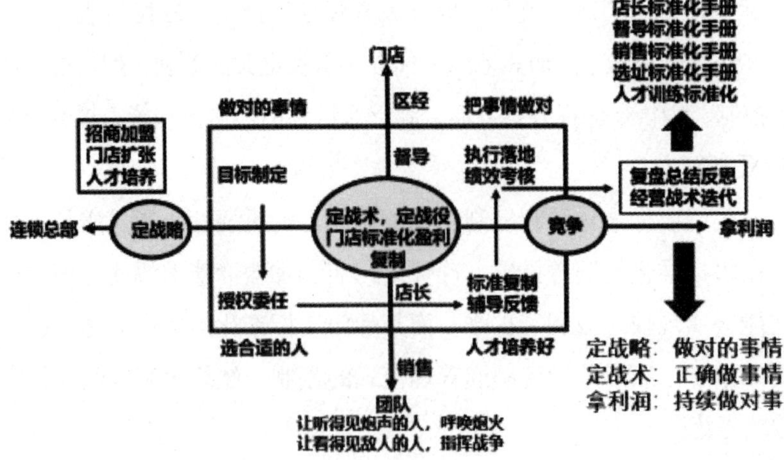

图1–2　连锁总部持续盈利扩张路径

（三）连锁门店扩张盈利路径

争一时之长短，用战术就可以达到，如促销活动、销售话术等。

争一世之雌雄，需从全局出发规划，如战略、商业模式、产品规划、门店标准化、店长标准化、销售标准化等。

连锁总部从定战略到定战术，要想在市场竞争中获得利润，就要选对人才，培养好人才，执行落实总部政策，总结成功经验，形成门店标准化、店长标准化、督导标准化、销售标准化、选址标准化和人才训练标准化等。

1. 定战略

连锁总部要根据市场环境、消费者需求、竞争对手状况以及自身的资源和能力，制定出长期的发展目标和战略方向。着力于品牌定位、市场细分、产品线规划、扩张策略、招商加盟等多个方面，确保连锁企业在竞争激烈的市场中保持竞争优势。

2. 定战术

战术是战略的具体实施步骤和行动方案。连锁总部需要制订详细的营销计划、促销策略、运营管理等，以确保战略的有效落地。例如，连锁总部可以制定统一的营销策略，包括广告宣传、促销活动、会员制度等，以提升品牌知名度和顾客忠诚度。

3. 市场竞争

为了应对市场竞争，连锁总部需要密切关注市场动态和竞争对手的动向，及时调整战略和战术。通过市场调研、消费者反馈收集等手段，了解消费者需求的变化和竞争对手的优劣势，制定出具有针对性的竞争策略。

用门店标准提升客户体验；用客户体验提升公司品牌；用公司品牌提升三好价值。

好租房：门店进地标性商街，租金好谈；**好招人：**有品牌好招人，合理人员成本；**好销售：**有品牌好成交，客户心里认可；用门店标准化的力量提升企业竞争力。

4. 拿利润

连锁总部的最终目标是实现盈利。为了实现这一目标，连锁总部需要关注成本控制、收入增长以及利润率等多个方面。通过优化供应链管理、降低原材料成本、提高运营效率等手段，降低整体门店运营成本，从而增加利润空间。同时，连锁总部还要注重收入增长，通过拓展新市场、开发新产品、提升服务质量、门店人才复制等方式，吸引更多的消费者和市场份额，以确保企业的可持续发展。

复盘总结：

选址标准化，让门店盈利有成功保证；店长标准化，让店长没有犯错的机会；销售标准化，让销售不用拿客户试错；督导标准化，让连锁总部的政策落地；训练标准化，让门店的人才源源不断；没经历过门店标准化培训的员工；门店员工就是“带病”上岗。

门店团队：

企业的很多员工都是不成熟的成年人，老板要像哄小孩一样哄他们，他们才愿意干活，一旦有一点成绩，他们就会骄傲，有一点挫折他们就会气馁。距离职业化和思想成熟还有着很大差距。所以就更加需要标准化、流程化。

筛选人才：

企业发展是在矛盾中前行，在困难中前行，矛盾和困难是筛选人才。筛选出能够解决问题的人才，筛选出志同道合的人才，筛选出可重点培养的人才。企业发展没有不困难，只有更多困难，企业如果没有新陈代谢，也就没有生命力。

不要标准化：

有老板说：我就不想做门店标准化，我想个性化，我想独具匠心，可以吗？当然可以，但这是赚小钱。自己天天守在门店，忙上忙下，企业做不大，不能用体系赚大钱。

因为老板就是门店标准化，工作流程全部在老板大脑里，老板亲力亲为运营管理 3~5 个门店，门店一多就不行，让连锁门店自动化运转靠的是门店标准化盈利复制。

建立门店标准化：4 费。费时，费钱，费脑，费人。

不做门店标准化：4 难。盈利难，扩张难，人才难，老板难。

有门店标准化盈利复制：6 多。门店多，店长多，利润多，督导多，销售多，讲师多。

老板到门店标准化进化论：由“老板驱动”到“牛人驱动”。

由“牛人驱动”到“门店标准化驱动”，由“门店标准化驱动”到“店长标准化驱动”，由“店长标准化驱动”到“人才标准化训练”，门店老板才能真正摆脱“皇帝真急、太监假急”的现状。

激励机制进化论：股权激励是为了降低管理成本；合伙人机制是为了降低人才成本；师傅带徒弟是为了降低培训成本；门店标准化让以上效果放大 10 倍；门店标准化就是连锁企业放大镜。

就像我朋友圈一位 1 万家店老板发朋友圈说，少高谈阔论，少谈互联网黑话，少开无效会议，多到门店看看，要重新理解门店、理解客户、理解员工、理解管理、理解经营，做好门店标准化盈利复制的基本功，脚踏实地做正确事。让加盟商赚到钱，让店长赚到钱，让员工赚到钱，让供应商赚到钱，才是硬道理。

老板最容易犯的错误：战略上出了问题，却从战术上找原因；自己得了病，却让团队吃药；所以，企业的病永远治不好。

门店标准化复制是战略课题，店长标准化复制是盈利课题，销售标准化复制是成交课题，督导标准化复制是落地课题，训练标准化复制是人才课题。

站在门店盈利角度思考门店标准化的核心是：老板，单店模型，门店复制，连锁扩张；总监，市场规划，目标制定，业绩达成；区经，区域市场，绩效考核，人才培养；督导，政策执行，发现问题，解决问题；店长，单店盈利，员工满意，客户满意；销售，接待客户，成交客户，服务客户；训练，课程开发，讲师训练，人才复制。

连锁门店开得多，未必走得远；连锁门店走得远，未必走得稳；连锁门店想要走得又快又稳，一定要修炼好内功，打好地基。

建立自己的门店标准化盈利复制：

选址标准化＋店长标准化＋销售标准化＋督导标准化＋训练标准化。

门店标准化盈利复制，让连锁企业一次做对。

案例分析 1：眼视光：连锁门店标准化复制手册

表1-1　眼视光的连锁门店标准化复制手册

眼视光：连锁门店标准化复制手册		
序列	门店标准化手册名称	门店标准化手册作用
连锁总部	招商加盟手册	创业痛点、成功案例、行业趋势、市场购买力、公司品牌优势、产品优势、团队优势、培训优势、投资回报率、整店输出等
	门店选址手册	门店扩张战略、门店选址模型、门店选址流程、城市/商圈评估分析、目标门店评估等

续表

<table>
<tr><td rowspan="2">连锁总部</td><td>眼镜产品知识手册</td><td>眼镜分类、材质分类、行业通用知识、眼睛视力问题发生、不同眼镜产品卖点知识等</td></tr>
<tr><td>督导手册</td><td>执行公司政策，将标准化落地，检查标准化，辅导加盟商开业/员工技能，提升门店业绩</td></tr>
<tr><td rowspan="6">单店盈利体系</td><td>店长手册</td><td>提炼店长日/周/月工作标准化、门店经营管理方法、缩短店长培养周期，减少店长的犯错成本</td></tr>
<tr><td>销售手册</td><td>销售流程、销售话术、了解需求、价值呈现、疑问解答、成交技巧，大单联单、客户服务（直播，小红书/抖音视频营销）等</td></tr>
<tr><td>商品手册</td><td>产品卖点、商品进销存、商品安全库存、商品捆绑销售、商品畅销、滞销处理方法</td></tr>
<tr><td>促销手册</td><td>根据市场、竞争、门店、商品、客户等制订有效促销活动方案，实现引流和裂变</td></tr>
<tr><td>门店百问百答话术手册</td><td>提高销售成交率，让销售不会冷场，准确显示产品价值和公司价值，解除客户疑问</td></tr>
<tr><td>验光技术设备操作手册</td><td>近视、散光、远视、弱视、斜视等视力验光技术及相关设备操作方法</td></tr>
<tr><td rowspan="3">人才训练复制</td><td>训练手册/课件/PPT</td><td>课程开发，将门店标准化有效地训练、执行、落地，形成电子版PPT讲师手册</td></tr>
<tr><td>讲师授课技巧</td><td>根据成年人学习的授课技巧五星教学法：讲、问、评、群策群力，行动学习等</td></tr>
<tr><td>人才复制通关训练</td><td>学员对门店知识、技能、态度，销售话术，管理技能，经营方法，客户服务等通关训练</td></tr>
<tr><td colspan="3">李一环建议以上门店标准化手册内容可以根据盈利及技能重要性轻重缓急做，或者合并
未来可将门店标准化内容拍摄成视频课程，供新加盟商学习，减少加盟商对总部的依赖</td></tr>
</table>

连锁门店经历 7.0 版本经营：

1.0 从野蛮生长，2.0 粗放式管理，3.0 精细化管理，4.0 标准化管理，5.0 数字化管理，6.0 视频化引流，7.0 标准化 + 数字化 + 视频化引流。

门店标准化运营管理是门店基石：

用门店标准化减少制度；用训练标准化辅导员工；多一些流程，少一些责骂；多一些标准，少一些制度；多一些辅导，少一些惩罚。

门店标准化盈利复制：让门店制度减肥，门店标准增肥；标准是做事方法，制度是用来管人；标准是步骤流程，制度是奖励惩罚；标准化是导航仪，制度就是摄像头；标准是避雷针，新人也不容易犯错。

案例分析 2：胖东来（晋升机制标准化）

在胖东来，员工的职业规划主要划分为以下 3 条主线：管理型，营业员—课助—课长—处助—处长—店助—店长；专业型，营业员—岗位标兵—岗位明星—资深员工；技术型，技术员—技术标兵—技术明星—资深技术员。

胖东来为员工设置了不同的成长通道，同时设置了公平公正的考核机制，确保每一条线上的员工都有机会通过自身的努力得到期望的岗位。

胖东来的所有制度、流程和各类标准都是由人力资源部规划设定的，以《岗位实操手册》来说，制定小组的成员由各个部门的主管、资深员工和身处该岗位的员工组成。

关于这点，于东来说："现在的年轻员工该怎么管？你要让他有自主性。比如这个《岗位实操手册》，我对他们说，你们自己最了解自己的岗位应该怎么做才能做好，那这个标准你们就自己制定吧！等这个标准制定出台以后，我会对他们说，这个标准可是你们自己制定出来的，所以你们更要认真执行。"

门店标准不是孤立存在的，每条门店标准的背后，都有设立的目的，可小至一个保障安全的动作，可关乎到顾客的购买感受，亦可大至企业的生死存亡。

门店标准不是一天编成的，每条标准背后都蕴含着一个故事 / 事故、一部小小的成长史、跳过的一个个坑，以及一条条经验的积累。门店标准不是在电脑上随便敲打编出来的，每个门店标准的制定都经历了一次次测试、一次次总结、一次次培训，甚至一个个失败的反思。

凡是不结合客户体验，做的门店标准化都是低智商；凡是不结合门店盈利，做的门店标准化都是自嗨型；凡是不结合店员操作，做的门店标准化都是落地难；凡是不结合考核绩效，做的门店标准化都是持续难。

（四）李一环第五代门店标准化盈利复制：总结

2 能 1 懂 5 有：

1 能：能盈利——不能盈利假连锁；2 能：能执行——不能执行假标准。

1 懂：懂客户——不懂客户假流程。

1 有：有店长——没有店长难盈利；2 有：有销售——没有销售难成交；3 有：有督导——没有督导难落地；4 有：有训练——没有训练难复制；5 有：有成果——没有成果难生存。

李一环观点：很多老板和管理者对门店标准化存有误区，认为有了门店标准化，就没有个性化了。现在客户都需要个性化，员工都做标准化，太机械化了。其实，门店标准化流程是让员工服务客户时有更好的个性化。比如，服务流程就是标准化，但让客户感动就不是标准化。

标准化服务是让客户满意和不投诉，个性化服务才能带给客户感动。如果员工连让客户满意的方法都没有，又如何个性化服务、感动式服务？指望员工在面对客户时：手忙脚乱，精神紧张下做个性化服务，可能吗？门店标准化就是让员工在没有压力下，创造出感动式服务，门店标准化就是让企业低成本个性化。

附：

表1-2　连锁门店标准化手册重要性评分

手册名称	1分	2分	3分	4分	5分
店长标准化复制					
销售标准化复制					
督导标准化复制					
商品陈列标准化					
区经标准化复制					
设备维护标准化					
外卖标准化复制					
店员标准化手册					
客户购买标准化					
促销活动标准化					
会员营销标准化					
食品安全标准化					
收银员标准化					
招商加盟标准化					
加盟商管理标准化					
门店选址标准化					
卫生打扫标准化					
会议标准化流程					
产品制作标准化					
上门安装标准化					
人才训练标准化					
销售百问百答话术					
产品卖点话术手册					

没有任何一家企业强大到不可以被挑战，也没有任何一家弱小企业不可以去竞争。小企业不是不可以去竞争，关键要找到规律。

做连锁企业就是要找到“成功关键要素”，门店标准化复制就是“成功关键要素”，打造单店盈利＋门店标准化盈利复制。

二、连锁企业浪费最大的成本是成功经验

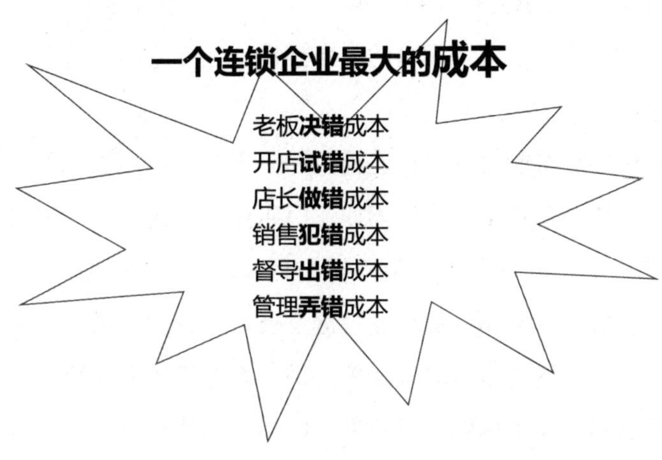

图1–3　一个连锁企业最大的成本

创业就是老板自己和自己博弈，创业九死一生。认识到“九死”，才能心怀敬畏，认识到“一生”，才能看到希望。

创业——勤奋是最低的要求；创业——认知才是最高的标准。

创业成功，是对认知的奖赏，不是对勤奋的补偿。对于创业者而言，没人会记得你失败了多少次，大家只会记得你成功的那一次。

真正的企业家都是“未算胜先算败”，连锁企业不败法则是什么？单店盈利＋门店标准化＋复制力，比如伟大的孙子兵法谋略智慧：兵法首先不是战法，是不战之法，不是战胜之法，是不败之法，是先胜后战之法。

企业发展的规律就是死亡，而门店老板的责任就是延长企业生命。

（1）打造单盈利体系并不断升级。

（2）打造团队建立门店标准化盈利复制。

（3）建立品牌 + 完善供应链 + 资本化。

创业就是要少犯错，而连锁企业浪费最大的成本却是成功经验，其实只要把企业内部成员积累的技术、经验，通过文件的方式来加以保存，不会因为人员的流动，导致技术和经验跟着流失，实现“个人知道多少，组织就知道多少”，也就是将个人经验（财富）转化为企业财富。有了标准化，同样一份工作即使换了不同的人来操作，在效率与品质上也不会出现太大的差异。

老板要想办法将能力沉淀在连锁总部，不要将单店盈利水平依靠在某个店长身上，要想避免金牌店长离职、门店业绩下滑，就不要将销售方法技能依靠在某个销冠身上，否则销售一旦离职，成功的销售经验就流失了，要用门店标准化复制确保企业稳健发展，允许犯创新性错误，不允许犯流程性错误。市场竞争有时很简单，即竞争对手不断犯错，我们自己不犯错。我们虽然不是很聪明，但我们不犯错，门店标准化盈利复制就是让我们不犯错。

创业期需要万能老板；发展期需要救火老板；扩张期需要白发老板。

从万能老板到建立店长标准化；从救火老板到建立督导标准化；从白发老板到建立门店标准化。

合格老板自己有方法；优秀老板建立标准化；伟大老板梦想圆梦师。

门店标准化盈利复制，让正确的行为多发生，让错误的行为少发生，让连锁企业一次做对，因为，企业的每一个动作都是成本。

门店老板最头痛的不是害怕花钱，而是把钱花在哪里，才能产生最大的价值，老板要思考门店如何才能保持竞争力，唯有建立门店标准化体系，门店标准化 + 店长标准化 + 销售标准化，督导标准化 + 人才训练标准化。

市场虽无情，但它很公平，适者生存，弱肉强食，淘汰一成不变、变化比较慢的企业。

企业只要在选址、促销、商品、店长、销售、财务、督导、运营管理等上都能标准化，就能快速开店。再加上训练系统、线上系统、视频系统，只要有了标准化，就可以把店长的技能、销售的技能、商品陈列的技能等，包括扫地、仓储等录成视频，搬到线上，供员工学习和修炼。

把事情做复杂很容易，把事情做简单就很难。门店标准化就是把工作做简单，易理解，易操作，易复制，共识才是企业最大的成本。

比如，企业今天招了新员工或新店长或储备店长，要进行岗前培训，有了线上系统和视频系统后，每年只要花费几千元钱，就能让所有人得到很好的岗前培训。如果将这件事放到过去，仅建立这样一个系统就需要花费几十万元，投资巨大。而如今只要有了训练系统和线上视频系统，就能实现这一切。

又如，把企业标准化形成手册、形成视频系统，形成线下课程公开课，每年集训几次。员工上岗前，先看手册，然后再看线上视频的训练系统，就能学习到相关知识。此外，销售的集训、门店的销售及督导培训、运营管理的培训，也能通过线下进行。

邀请外部的企业老师来给讲课，确实是一种方式，这种方式也需要，因为外部老师会带来其他行业的案例和工作经验，给我们带来事业的启发，或其他行业的经验，但它跟我们企业、跟我们店长、销售等内容不匹配。外部标准化的培训和企业标准化的培训是不一样的，比如，客户觉得我们的产品太贵，问能不能便宜点？这时候，就要设定一套针对自己企业的培训内容。因此，有时候你会发现，即便自己学了很多知识，也很难转化成公司的知识体系，为什么？因为知识和内容虽然类似，但都是跨行业的，用服装行业的案例来启发餐饮行业，用餐饮行业的案例来启发建材行业，一般都无法真正在企业落地实操和转化。

那怎样才能贴切到自己的企业呢？要深入企业来提炼标准化，提炼出符合企业自身的销售标准化、店长标准化。因为最好的老师都在企业内部，最好的方法也在企业内部，既然老师和方法都在内部，就要积极做提炼，形成手册，然后授给企业成员……如此，就不用过度依赖外部讲师。企业内部能做培训和训练，不仅能节约几十万元的成本，还能让人才得到很好的培养，所以一定要建立自己的标准化，建立自己的训练系统。

刚开始做标准化可能会复杂一点，花费的时间长一点，辛苦一点，但辛苦几个月，能够让我们轻松好几年。只要做到这一点，就能让客户复购，而只有持续地增加新客户，企业才能基业常青，才能成就连锁企业。

当然，连锁企业不用一下子就把全体系标准化都做出来，除非公司发展速度特别快，比如，钻石小鸟、味知香、三保家电、企鹅叔叔、瑞幸咖啡，他们可能会做全体系的。如果企业发展速度不是特别快，就挑最重要的来做。

星巴克创始人霍华德·舒尔茨说过：**如果你想盖 100 层大楼，你先要打能够支撑 100 层大楼的地基；如果你想开连锁店，先打造单店盈利；如果你想连锁扩张，先建好门店标准化。**

第一步，从门店成功经验到提炼门店标准；第二步，从训练门店标准到执行标准落地；第三步，从个人优秀达标到全员通关达标；第四步，从店长标准复制到单店盈利扩张；第五步，从区域盈利扩张到督导巡店辅导；第六步，从门店标准考核到门店标准升级。

三、连锁门店标准化的复制困惑

人人谈苦劳，公司成“苦牢”。干好干坏一个样，谁还会“卖力”。

店长有标准，门店有业绩；流程有训练，执行能落地；店长有考核，多劳才多得。

连锁门店标准化困惑主要体现在以下几个方面。

1. 标准化

即门店标准化如何提炼，门店标准化内容是什么，如何编写手册？

门店标准化手册先做哪一个？是店长标准化手册，还是选址标准化手册，如何进行连锁扩张？

门店选址肯定要先做，如果是多店经营管理，就要确定店长工作流程怎么设计、店长的核心技能有哪些、店长岗位职责等。

2. 老板忙

门店越开越多，老板天天都忙得焦头烂额，没标准化，人才就会跟不上。

在 5 家店以前，老板一般都是亲力亲为，什么事情老板都要做；开到 10 家店以后，由于老板精力和时间有限，要负责供应链、品牌、人才培养、门店选址、产品研发等，仅靠老板个人已经远远不够，如果事事都等老板决定和参与，企业利润就会下降，这时候就需要建立门店标准化、店长标准化等。

3. 有手册

标准化手册堆积如山，门店却无法有效执行，究竟是哪里出了问题？

为什么你的门店标准化无法落地？因为你设计的门店标准化流程，从一开始就“带病上岗”，全部是管理制度、流程烦琐、文字超多，没有操作细节，没有图文并茂，不能结合客户体验流程，不能辅导店员工作，不能协助店长工作。手册没有效果的原因主要有以下方面。

（1）网上下载一个模板，简单修改一下，就拿来用。

（2）没有根据门店实际情况制定标准。

（3）老板带领人力资源，在公司办公室做的。

（4）做得太多、太完美，没有考虑执行人的能力，关键是不符合门店标准化九字口诀，即记得住、用得上、能考核。

更加重要的是：行业不同＋商业模式不同＋规模不同＋发展阶段不同＋单店盈利不同＋客户购买习惯不同＋产品服务不同＋销售形式不同＋内部机制不同＋团队能力不同＋资金力量不同＋老板领导风格不同。

4. 加盟商

加盟商最害怕什么？加盟商最害怕多折腾；加盟商最害怕不盈利；加盟商最害怕没店员；加盟商最害怕没方法。

那如何让加盟商持续盈利，让加盟商更轻松地运营管理门店？

加盟商之所以要加盟，是因为他们不会，或失败概率高，希望通过加盟来提高成功的概率。所以，加盟商加盟连锁总部，不是加盟你的品牌和商品，而是加盟一套成功的盈利模型、一套人才复制体系、一套成功销售方法论。所以，给加盟商一套盈利模式很重要，给加盟商一套营销体系很重要。

5. 复制难

人才难复制、门店难复制、盈利难复制，想连锁扩张，就会显得有心无力。

无标准，假连锁，特别的店长，无店长，不扩张，店长的能力限制了门店盈利数量。老板困惑也无奈，比如，想开店，无店长可派；开了店，总感觉店长能力不足；想辅导店长，但精力不够。

连锁总部想建店长标准化复制，想复制店长，但不知怎么做；想培训店长，又没有完善的培训体系；想开发店长课程，成本又太高……

店长心里也很苦：很想做事，可总是忙中出错；很想辅导店员，可不知怎么教；很想提升业绩，可不知方法策略。

有门店标准化后人才培养理念：选拔他，让他能脱颖而出；激励他，让他尽情地绽放；培养他，让他有能力离开；对他好，让他舍不得离开。

6. 盈利难

开了门店，却没有盈利；店长能力不强，门店管理乱，有事就去找老板。原因在于：不是选址错误，就是没有合格的店长，再加上没有门店标准化流程，门店每天都得忙、茫、盲，工作流程不合理，老板做店长的事情，店长做销售的事情，销售在等待中做事情或没有事情可做，门店根本就无法盈利，老板只是“救火队员”。

7. 扩张难

5 家店时可以盈利，10 家店只能赚一点，20 家店就开始亏损，怎么办？

连锁门店 95% 都是家族企业，5 家店能够赚钱主要原因在于：①老板亲力亲为；②老婆管理一家门店；③弟弟管理一家门店；④联合创始人管理一家门店；⑤亲戚管理一家门店……到 10 家门店将身边的亲朋好友全部用完，就需要培养店长和督导了。

以前没有流程，只有经验和勤快，靠情感管理，开了 20 家门店以后就发现，门店开始不赚钱了，因为店长能力不足，员工能力不足，没有标准化流程，他们不会像老板一样操心，所以很多老板都说店长要以身作则。就是希望店长勤快一点，每天每时每刻都在店里，可惜，店长不会做管理，不会做经营，不会做数据分析，更不会带团队，这时就麻烦了，自然就会出现亏损。

门店想跨区域扩张，只有标准化才能跨区域地进行复制。门店经营不靠能人，靠门店标准化，靠体系复制店长。老板不能每次都当“救火员”，店长每次都临时抱佛脚会让门店更糟糕。

所以，前进的道路不会铺满鲜花，从来就没有什么救世主，也没有神仙皇帝，要想创造美好的明天，让门店活下去，全靠我们自己。建立门店标准化盈利复制，就能让连锁总部从语文走向数学，从问题走向解决问题流程，从偶尔成功走向持续成功。

挣钱：单店 /5 个店老板亲自干，累。赚钱：10 个店家族人干 OK，事多。赚大钱：门店标准化 + 复制门店。长期赚大钱：门店标准化 + 数字化 + 视频营销。

（一）为什么一定要做门店标准化

连锁企业最大的挑战是人才问题，这是连锁企业的共性问题。

团队成长速度能不能匹配上连锁扩张速度，这决定连锁门店标准化体系能否高效健康运转。

让连锁企业走入困境，都不是被竞争对手打败，而是自己把自己打败，根源就在于团队的能力不能为连锁的发展提供有力的支撑，没有建立一套门店标准化复制体系。

连锁企业为什么一定要做门店标准化，概括起来主要有这样四大硬伤和“三高”。

1. 连锁企业的四大硬伤

（1）人员多。连锁企业所在的行业本身就具有劳动密集型的特点。比如，选址开发部、店长、销售、督导、培训部、采购部、品牌部等，如零售、餐饮、酒店等行业通常需要大量的员工来提供面对面的服务。这些行业的连锁企业在扩张过程中，也会面临劳动力需求的增加。

（2）学历低。因为从业者的学历普遍偏低，都处于高中、初中等水平。学历低，就不能靠自悟，不能完全师傅带徒弟，更不能让他们像考大学一样。最好将复杂的内容简单化，将简单的内容流程化，将流程化的内容培训化，将培训化的内容训练化，将训练化的内容考核化。

（3）区域广。连锁企业遍布全国各地，要想将不同区域的人聚集在一起进行培训，非常不容易，差旅成本也很高。所以，需要复制成功的经验，复制店长、复制销售、复制开店流程、复制客户投诉的处理，制定一定的标准。

（4）流动大。①家庭原因。家庭反对、家庭责任等可能成为员工离职的原因。例如，一些家庭可能不认同门店工作，或员工要照顾家庭而无法继续工作。②工作压力大。门店工作节奏快、强度大，员工需要面对高强度的工作压力，对身心健康产生一定的影响。特别是在餐饮、零售等行业，员工需要长时间站立、面对顾客的投诉和抱怨，以及处理各种突发情况，这些都会增加工作压力。③先找一份工作。门店招聘要求相对较低，很多人会先到门店实习或兼职。

2. 连锁企业的“三高”

（1）成本高。房租成本、运营成本、人工成本，为什么麦当劳、肯德基，包括瑞幸咖啡、超市都需要兼职人员？因为要想聘请一名全职人员，需要支付较高的成本，而兼职人员就可以让成本稍微低一点。而为了让兼职人员尽快上岗，就需要有标准化流程。

（2）复杂度高。连锁企业人员流动大，比如：有些门店女孩占了多数，一谈恋爱，一结婚，一生孩子，可能就离职了；有些人甚至只想到门店来看一看，学一学，骑驴找马。因此，连锁企业必须把复杂的东西做得简单化，让员工能够快速上手。做不到这些，员工来了直接就上手，即使客户来了，也接不住，一不小心就把客户赶走了。所以，没训练过的员工直接上岗，会给企业造成很大的伤害，这也是对客户最大的伤害。

（3）服务水平高。现在为什么很多人说实体很难做？因为固定成本很高。使用过去那种“粗放化运营—精细化运营—标准化复制”，多半都会被互联网分化，被其他门店吞并，因为你根本就没有竞争力。

客户对门店的要求高，不是因为门店的服务水平低，而是因为客户的购买经验提高了。他们会去不同的门店，接触到各种服务，然后要求我们也提供这种服务，如果我们做不到，水平比别人低，他们就会不满意，可能就不会掏钱了。比如，客户去餐厅吃饭，在价格和食材一样的情况下，如果我们服务不好，客户体验不好，他们就不会来。

而要想应对这四大硬伤和“三高”，连锁企业就要连锁标准化，否则就会导致成本的增加。门店人工成本高，客户不会来或被赶走，自然就无法形成好的口碑，继而降低复购率。而连锁企业的一个要求就是复购率，这也是门店重要的衡量指标。

连锁总部要知道：以前培训是让员工有能力；建立门店标准化是让企业变得强大；不害怕人才离职，不依赖个人能力，让企业组织能力强；用标准的力量复制“人才”；用标准的力量复制“门店”；用标准的力量复制“盈利”。

（二）门店标准化有效落地 9 字诀

门店标准化有效落地 9 字诀，就是“记得住、用得上、能考核”。

图1–4　门店标准化有效落地9字诀

1. 记得住

记得住意味着门店标准化体系的内容应当简洁明了，易于理解和记忆。

例如，销售 6 步法，4P，4C，客户体验 5 流程，店长两项工作，打扫桌面五步法。要形成口诀和模型，朗朗上口。三大纪律八项注意就非常好记，记不住的门店标准化都不是好的标准化。

服务 6 部曲：①微笑欢迎；②顾客点餐；③拿取产品；④呈递产品；⑤唱收唱付；⑥致谢道别。

记不住的原因有：想多做一点，完美主义。不以盈利思维、关键指标做门店标准化，自己做的门店标准化，自己不仅记不住，还看不懂，甚至希望店长和销售去执行。每个公司都说自己有标准化，但判断你的店长标准化有没有效果，是从你的店长岗位职责开始的，比如：你设计的店长岗位职责，店长能否记得住，能否背出来？不信，你可以去问一下自家的店长。

在门店标准化盈利复制公开课时，我讲：做门店标准化一定记得住！全场的同学都说对。过去的门店标准化太多，根本记不住。现场有一位同学分享说，他们公司的门店标准化是请日本咨询公司做的，非常完善，如果员工能够按照这个标准化执行，他们公司就一定可以进入世界 500 强，可惜的是，店长执行不了。

案例：店长工作内容

图1–5　店长工作内容

（店长工作内容看起来很多，其实只有两项工作：一是例行性工作，二是主题性工作）

2. 用得上

门店标准化体系具有实用性和可操作性，能够真正指导门店的日常运营和管理。比如，店长每日工作流程、每周工作流程、每月工作流程、商品陈列方法、店员辅导方法、目标制定方法、团队激励方法、门店会议流程、客户投诉处理流程等，用不上的门店标准化，都是假的标准化。之所以用不上，是因为没有根据工作场景提炼门店标准化，把上班时间、请假制度等当成全部标准化，不能指导门店盈利、业绩诊断等。

3. 能考核

门店标准化体系应具备可衡量和可评估的特性，以便对门店的运营效果进行客观评价。比如，店长每日工作流程，分营业前做什么，营业中做什么，营业后做什么。不仅有标准化细节，店长还能自我检查，营业前：提前15分钟到店，打卡，打开电源、设备，巡视店内有无异常，看交接本，看今日订单，准备早会，出勤、休假、人力配置、服装仪容及精神状况，店长能够自我工作，督导有检查标准。

比如，管理者工作只有三种方式来提高效率。

（1）问题驱动：发现问题，解决问题，预防问题。

（2）目标驱动：公司目标，团队目标，个人目标。

（3）流程驱动：工作流程，辅导流程，销售流程。

之所以不能考核，或考核店长不认可，是因为没有把门店标准化简单化，简单标准流程化，流程标准培训化，培训标准考核化。

所以，衡量门店标准化做得好不好共有 9 个字：记得住、用得上、能考核。这 9 个字一直贯彻整个门店标准化复制流程。

门店标准化让企业总成本领先；门店标准化让竞争对手难模仿；门店标准化降低内部交易成本。

在标准化落地时，首先要确定框架，探讨框架。其次是编制内容。最后是店长手册定稿、验证和升级。简言之，就是订框架、编内容、确定稿。

比如，做店长手册，可以跟内部店长开会进行探讨，或由区域经理、督导来做。不过，不可能只是营销总监、区域经理、公司内部讲师等几个人做。同时，编写手册，只要是执行者，都要参与编写，包括店长，不能仅让人力资源部会议室里来写。此外，凡是写出来的都要做训练。比如，开会、会员管理、拓客等，编写手册时，要直接写出来，并制定成标准沉淀下来。最后进行内部的探讨、店长手册的运用和细化，在规定日期内完成，实现升级。

做到这些，就有了店长的手册、店长的 PPT 课件、店长的讲师、店长知识的视频和执行日记，也就明确了店长的岗位职责、店长的商品陈列、员工辅导等能力，以及拓客、引流、销售等方法，然后把内容转化成课件，就能形成讲师系统，变成知识视频。如此，大家就可以到线上以视频的方式来学习。

这就是门店标准化落地的大纲。如专卖店的店长手册。

在专卖店的店长手册中，服务流程涉及营业前、营业中、店员管理、员工、商品库存、销售、库存、补货、推广、客户分类、业绩、经营销售流程、店长的市场调查等内容。当然，还可以将这些内容分为一级目录、二级目录，具体内容可以暂时不写，先确定好大纲，等到填充内容时，可以找店长做，或找店长要内容，或者找督导、找区域经理，如果找不到，就去外部收集，或找外部的老师，像我们这样的机构来进行填充。

做手册时，最重要的卡点在哪里？比如，我们认为辅导技能、数据分析很重要，但我们没做好，没有成功的经验。个别人也许能做好，却没有提炼成方法，最重要的就在这里。制作内部手册时，这个地方比较限制内部人员的，如果外部老师或机构能够来协助编写手册的框架，明确编写目的、使用范围和使用手册，结果就会相对好一些。当然，也可以找些模板做参考，制作流程的规范表格表单时，所有的流程都参考这个东西来做。需要注意的是，封面要有自己公司的形象，因为标准化手册都是公司的财富，不能带出去，只允许在内部看，更不允许拿手机拍照。这些手册都是公司的机密文件，就像你的密码本一样，员工不能随意带走。

所谓流程，就是销售流程、店长每日流程、每周工作流程，制作表格时，就要明确：店长的岗位职责最重要的是做什么，店长怎么做，做到什么标准，什么可以做，什么不可以做。要明确店长的岗位职责、权力和责任，以及流程、步骤、方法、工具、跟谁来合作，做到什么标准？也就是说，有要求、目标、效果、业绩和数量。比如，明确岗位职责，负责门店的业绩指标，对员工进行辅导和培训。

上传下达要怎么做？鼓励什么可以做，什么不可以做，比如，不能拿公司促销的产品或促销的福利等，哪些是奖励，哪些不可以做。这部分就是日常重复的工作，是制度的规范。很多手册为什么没用？就是因为它只形成了制度，没明确岗位的职责流程、辅导技能，员工不会做商品陈列、商品进销，也不知道该如何应对畅销、滞销。

以前店长的岗位职责是：检查什么内容，制订什么计划，销售实现什么目标，订立公平合理有效的奖罚制度，协调店员之间的联系，维护良好纪律、保持门店正常运营、完成上级领导交办的其他工作……现在这样写已经不行了，而要这样写：店长的岗位职责是什么？负责门店的经营，负责制定年度目标和月度目标，组织完成等，然后培养新员工，对其考核，了解市场。为什么这样写？因为公司对店长有三大期望，第一，理解公司战略；第二，上传下达；第三，完成门店业绩目标。以前很多老板定的岗位职责都条理不清，比较混乱，店长也记不住。这种写法，可以把复杂的事情简单化，把简单的事情流程化，把流程的事情培训化，把培训的事情检查化。

记住：岗位职责凡是记不住的，凡是不能考核的都不是好标准。

为了便于记忆，可以这样写。比如，公司对你有三大期望，哪三大期望？第一，理解公司战略；第二，上传下达；第三，利润目标。你要记住三个关键，即目标制定、门店经营，门店经营管理。这样做，就能进行考核和指导，也容易记住，这就叫岗位职责，编写时要编写成这个样子。第一标准化要记得住；第二能够考核。凡是记不住和不能考核的标准，都是没有用的标准化。

编写岗位职责时，可以按照这种流程来进行编写。第一就是职能，涉及部门、业务关系。第二是流程的输入输出，内容线是“四易”原则，简单，易懂易明，然后符合 5W2H。

什么叫 5W2H？就是什么时间，什么事，什么原因，什么人，什么地点，怎么做，成本等于多少。比如，什么事情呢？为什么会发生这件事情？比如，客户投诉，为什么会发生客户投诉？现在谁去处理、谁在处理？什么时间发生的？在什么地点？现在怎么解决这个问题，要花多少成本？

这就是情景的导入。5W2H 就是按照这种方式来讲，如店长。店长要做什么？何事，做什么；何故，为什么要这样子做？什么样的店长才是合格的？何时，比如，周一店长做什么事情；何地，在哪里做，怎么做，你看到没有？每月每周他怎么做。这就是 5W2H。

做门店标准化，流程共包括以下四种。

1. 递进流程

比如，在时间上，从 7：00、9：00、10：00、13：00，递进流程基本用于工作流程。

2. 并列流程

它跟它没有关联，就是并列流程。比如，交接班、部门沟通、员工带教和促销活动、商品产品、门店检查、店员辅导等都是单独的，不是递进流程，并列流程基本用于门店标准化检查。

3. 因果流程

用于案例标准化，比如，客户投诉，需要明确时间、地点、人物、事件、解决方案、下次注意事项等。

4. 分析流程

主要包括门店业绩诊断、门店盈利公式分析、员工离职分析、商品滞销分析、客单价低分析等。分析流程非常重要，我在北京入企辅导鞋业连锁品牌时，企业老板看到门店盈利分析流程设计，说在我们公司，只要每个店长都懂这个，门店业绩最少能提升 50%。

企业生存和发展方式在变化。以前靠胆子大，干起来再说；现在靠认知高，方向 + 方法。以前资本雇用劳动；现在知识雇用资本。

1.0：先干起来再说（埋头苦干阶段）；2.0：想好了干起来（标准提炼阶段）；3.0：用标准干起来（标准复制阶段）。

建立门店标准化盈利复制，让平凡的人变得伟大。

案例分析：海底捞

1. 首问责任制

海底捞的员工有两个特点：一是人品好；二是执行力强。这与公司招人有关系，也与公司选拔用人有关系。

海底捞的员工都有超强的执行力。除了用大家在工作中建立起来的信任感推进执行力，公司还通过制度的手段强化执行力。为了做到“人人都管事，事事有人管”，保证各项工作的执行和落实，海底捞在公司上下实行首问责任制，其核心条款如下。

第一条，员工在接到外部或公司内部部门、个人的诉求时，即成为该诉求的第一责任人，应在第一时间进行相应的处理。

第二条，第一责任人接到的诉求属于其工作职能范围内的，应当按照公司八小时复命制的要求处理，尽快满足诉求。

第三条，第一责任人接到的诉求不属于其工作职能范围内的，应当在第一时间内通知相关责任人，追踪督促其解决，并随时告知诉求提出者问题处理的进展情况。

对于第一责任人转交的诉求，负责部门或人员不能推诿、拒绝或拖延，应当按照八小时复命制的工作要求处理，并有义务向第一责任人或诉求提出者及时告知工作进展。第一责任人有权监督相关负责部门的处理工作，并就处理诉求过程中出现的问题向负责部门或人员的主管领导报告。

若诉求未能妥善解决，则按照以下方式追究各责任人责任。

（1）属于第一责任人工作职能范围内的工作，或属于第一责任人工作职能范围外的工作但第一责任人未在第一时间通知相关责任人的，第一责任人须承担全部责任。

（2）第一责任人通知了相关负责人但未进行督促、追踪，未向诉求提出者告知工作进展，未就诉求解决过程中出现的问题向主管领导报告的第一责任人与相关负责人须承担连带责任。

（3）第一责任人已按规定要求落实首问责任制各项工作流程的，相关负责人及其主管领导对诉求未完成须承担连带责任。

这个制度看似不合理，要求也很严苛，甚至有“连坐”的意思，但是激烈的市场竞争不相信眼泪，顾客也不会听你的抱怨与解释。在顾客看来，每个海底捞员工都代表了海底捞，顾客不管问题是否属于当前员工的管辖范围，只要问题没有得到解决，就是海底捞的问题。因此，只有员工都严格要求自己，才是对顾客负责。

2. 荣誉勋章管理体系

为了鼓励员工，海底捞还有一套完整的荣誉勋章管理体系，勋章类型包括紫荆勋章、一级勋章、二级勋章、金豆豆、银豆豆。产生的渠道主要有优秀案例、创新定级、年度先进员工、冲 A 成功门店和其他。

荣誉勋章的评选标准如下。

（1）紫荆勋章

√董事长评定的杰出贡献者；

√每两年评一次（年会前）。

（2）一级勋章

√累计四次获得“A 级店”称号的店经理；

√董事长认为其他可以表彰的情况；

√每两年评一次（年会前）。

（3）二级勋章

√累计两次获得“A 级店”称号的店经理；

√由董事会根据各部门的绩效情况分配名额；

√每两年评一次（年会前）。

（4）金 / 银豆豆

集团各公司根据管理情况，自行制定本公司 / 部门的评选标准。

在具体的颁奖方式与奖励上，也有相应的明确规定，例如，一级勋章的颁奖要求如下：

√公司统一组织；

√办公会成员及获奖者的直接上级参加；

√获奖者可带六名下属、两名亲友；

√参会人员着正装且须佩戴所得勋章。

奖励内容如下：

√配偶和子女国内外任何景点 7 日游；

√水晶奖杯一座；

√奖励现金 5 000 元；

√国内一流商学院 EMBA（高级管理人员工商管理硕士）培训。对于获奖者外出学习、旅游等事项的落实，由其直接上级在颁奖后 1 个月内进行沟通、确认。

3. 7 个不放过

海底捞有一个内部人人都知道的管理工具，即 7 个不放过。它贯穿海底捞的整个管理体系，以问题为切入点。通过对问题的深入分析，制订短期与长期的解决方案，并使相关人员从中受到教育。这样既可以解决当下的问题，又可以从根源上避免问题的重复发生，还能以点带面，由问题引发管理思考，从而促进管理制度的提升。

究竟什么是 7 个不放过呢？概括起来有以下 7 个维度。

（1）找不到问题的根源，不放过。

（2）找不到问题的责任人，不放过。

（3）找不到问题的解决方法，不放过。

（4）解决方法落实不到位，不放过。

（5）问题责任人没受到教育与处理，不放过。

（6）没有长期的改善措施，不放过。

（7）没有建立档案，不放过。

不过，该工具有自己的运用原则，并不是所有问题分析后都要写7个不放过案例，这样反而会降低工作效率。

主管及主管级别以上人员针对本部门的关键问题、外部投诉、跨部门问题，必须运用7个不放过分析工具进行分析，直接上级需要对此进行辅导和审核。为了保证7个不放过分析的质量，完成分析后，还需要经过逐层审核，最后进行备案。

海底捞会定期开展对7个不放过案例分析的评比（高管考核也会有这项指标），具体的打分规则见表1-3。

表1-3　7个不放过案例的评分说明

考核关键点	考核标准	扣分原则
根源分析清晰	根源找全、找准	一项根源未找全、未找准，扣1分。
功、过人员明确	对功、过人员要有相应的奖、惩	1.对提出人要进行奖励，未进行奖励的一次扣1分。提出人的奖励说明如下。 （1）其他部门提出本部门的问题，均要有奖励，奖励形式由部门自定。 （2）部门员工反馈问题也要有奖励。奖励形式由部门自定。 （3）部门负责人提出问题，可不做奖励。 奖励形式：物质奖、感谢信、反馈邮件、精神奖励等 2.过失人员未找全、未找准、未做处罚，每出现一处扣0.5分
每项根源均在长、短期改进措施中体现	每项根源要有相应的解决措施并在长、短期措施中体现	1.未在长、短期措施中体现，扣0.5分。 2.未落实扣1分。 3.未体现也未落实，扣15分
各项措施的落实在催办中	1.每项措施要有相应的催办且落实在催办单中； 2.罚款、绩效扣分也要列入催办单	1.未在催办单中体现，扣0.5分。 2.未落实扣1分。 3.未体现也未落实，扣15分

续表

考核关键点	考核标准	扣分原则
催办落实情况	1.催办要按时按质完成并评估； 2.检查的原则最多抽查5个催办； 3.抽查催办不仅要检查完成情况，而且要看效果； 4.催办个数的统计不包含未到期的	1.一项未完成扣1分，延迟完成扣0.5分。 2.未评估扣1分，未按时评估扣0.5分。 3.责任人的奖惩情况设置不合理的，出现1处扣0.5分（注：责任人的奖惩情况应具体、可操作，不能写范围值。如0~20分，也不能出现负分）。 4.考评关键点不全、不合理，出现1处扣0.5分（注：涉及流程、制度、方案等催办时，考评关键点里面不仅应包括“按时提交”，而且应包括对效果或结果的考评）。 5.评估人不知晓要评估的，出现1处扣0.5分。 6.责任人不清楚要完成的工作的，出现1处扣1分。 7.催办单格式不符合要求的，1项扣0.5分。 8.催办单催办内容描述不清楚的，1项扣0.5分
7个不放过模板	按7个不放过模板的要求填写	未按7个不放过模板的要求填写，每出现一次扣0.5分

4. 流程管理部的工作

流程管理部的工作由下面的一系列工作组成。

（1）流程分类。海底捞流程非常多，根据流程对公司的重要性、与公司经营管理的关系，以及跨部门的工作衔接等，将公司的流程划分为三大类：A 类、B 类和 C 类。A 类流程是指需要 3 个以上部门衔接，并且涉及公司核心业务核心经营管理模式的关键流程。B 类流程是指某一部门为主责部门，与其他部门有重要工作衔接的流程，如干部选拔流程、外部招聘流程等。C 类流程是指以部门内部为主，与其他部门的工作衔接较少或者衔接关系相对不重要的流程。

（2）流程梳理与优化设计、流程文件制定或修订、流程文件审核与发布。每个部门在制定或修订流程制度时，流程管理可以从专业的角度审核这些流程制度是否合理，是否还需要完善，是否还需要征求相关部门的意见，是否与其他部门主责的流程制度相互冲突等。

（3）流程管理培训、流程文件宣讲。为了推动全员流程管理，流程管理部要定期或者不定期地把流程管理的基本意识和基本方法教给员工。另外，关键的流程制度出台后，流程管理部也要组织、推动主责部门进行广泛的宣讲工作，从而让该掌握的人掌握，让该理解的人理解。

（4）流程执行情况的检查与奖惩。流程制度制定出来了，如果不执行，就是一堆废纸。因此，流程管理部的一个主要责任就是，牵头对流程制度的执行情况进行检查和奖惩。

5. 加强监管力度

要提升执行力，仅依靠一些方法还不够，还需要加强监管力度。为此，海底捞特别出台了《关于收集流程（制度）执行投诉信息的通知》和《海底捞流程（制度）执行奖惩制度》，搭建了一个在流程执行方面相互监督的平台。

张勇在海底捞公司的签字权是 100 万元以上；100 万元以下是由副总、财务总监和大区经理负责；大宗采购部部长、工程部部长和小区经理有 30 万元的签字权；店长有 3 万元的签字权。书中说，这种放心大胆的授权在民营企业实属少见，但我认为这都不是最重要的授权，海底捞最重要的授权给予了基层的服务员：不论什么原因，只要员工认为有必要，都可以给客人免一个菜或加一个菜，甚至免一餐。

四、连锁门店标准化复制的好处

老板你为什么睡不着

老板你为什么没有店长可派

老板你的门店为什么难盈利

老板你的员工为什么一直在犯错

老板你想连锁扩张，却不敢跨区域

老板你的加盟商为什么总是骂总部

老板你需要门店标准化盈利复制

门店标准化的核心是提高执行力。

门店标准化的核心就是减少犯错成本。

门店标准化盈利复制：让连锁企业一次做对。

在连锁扩张的过程中，门店要想盈利，就要复制，复制成功的经验、成功的方法，成功的开店盈利模式，店长的经验，销售的经验，选址的经验，将成功的经验从华南区复制到华北区，从 A 区复制到 B 区。

连锁企业最重要的就是把成功的经验复制到另外一个地区。同样，还可以将人才通过标准的力量复制到门店，将门店选址、商品的陈列、门店的经营和管理，以及盈利模式，进行复制，让每家门店都能持续盈利。

做招商加盟，并不是仅仅把门店商品 Logo 给加盟商，收加盟费，更重要的是帮助加盟商的产品实现动销，让他们持续盈利，减轻加盟商经营的困难。因此，只有将人才培养、营销活动，以及引流、促销、活动、维护老客户、动销商品等内容都教给加盟商，加盟商才能持续挣钱，否则，不仅加盟商不挣钱，总部也不能挣钱。

这也是连锁企业要做标准化的原因。想从一家店开到 10 家店，10 家店开到 100 家店，就要标准化。标准化的重要性就在于此。概括起来，连锁门店标准化复制的好处主要有以下几个。

1. 减少犯错的机会

把成功经验提炼成标准的最重要的一个原则，就是让员工没有犯错的机会，让店长没有犯错的机会，让加盟商减少犯错的机会和没有犯错的机会。直接应用成功的模式，就能减少摸索，这就是标准化的一个好处。

2. 让连锁企业持续盈利

从提炼标准到训练标准、检查标准、迭代标准，要先把成功经验变成手册，之后再变成课件，再变成督导检查的内容，才能持续地成功和迭代。也就是说，提炼出标准后，给员工即使做了培训和训练，也没人去检查、评估和修正。管理学上有一句话讲得很好，员工只会做你检查的事情。所以，只有检查机制，才能发挥出标准化的作用。

一定要记住：只有将提炼标准、训练标准、检查标准、迭代标准，形成一个闭环，连锁企业才能在标准的执行下持续盈利，保证标准能够落地，很好地执行公司战略，把商品转化成利润。

门店的标准化就是确保单店能够盈利，保证每家店都能盈利，无论是7-Eleven，还是很多成功的企业都有失败的门店，并不是说开每家店都能够成功。7-Eleven成功率约为98.5%，麦当劳为95%~98%，多数企业基本都控制在60%~80%，但有些企业还不到60%。为什么？因为它们仅售出了商品，没有标准化。不管加盟商挣不挣钱，总部都是挣钱的，因为它收了加盟费和商品的服务费、管理费等。

3. 将员工批量地复制

门店的标准化能够将员工批量地复制，比如，店长能够批量地复制。店长是连锁企业里做得最多标准化的岗位，开不开店看老板，挣不挣钱看店长；同时，店长也是门店最前线的指挥官，他可以将商品转化为利润，将战略落地，将员工辅导好，将客户服务好。

所以我建议，做标准化时，如果门店的商业模式和战略模式都非常好，首先就要做店长标准化，其次是销售标准化，让加盟商能够挣钱。作为总部或盟主，肯定要让加盟商能够挣钱，不能收割加盟商的韭菜。很多加盟商之所以不挣钱，就是因为总部只做了商品的服务，只做了门店标准化，Logo形象的标准化，并没有教给他们如何来运营和管理门店，更没有搭建销售体系，如此就只能被市场竞争淘汰。

4. 让管理更加高效

有了标准化，就不用摸索了；规范了门店开业的流程，商品的进销存、陈列，沟通话术，员工管理等标准化，管理就能更高效，店长能理解公司的战略，上下级之间才能更好地沟通。

实现了门店标准化、人货场的运营管理标准化后，老板就不用忙着救火了，也不会显得很忙。你之所以开5家店可能挣钱，开10家店、20家店可能就亏损，是因为你最开始可能依赖摸索成长；到了第二阶段，靠老板的亲力亲为就能做好；而到了第三阶段，就需要依靠能人，需要标准化运营，不能靠老板一个人，因为人的精力是有限的。

“单店盈利模型”走向“门店扩张复制”
“老板情感管理”走向“门店标准复制”
“老板亲力亲为”走向“人才批量复制”
“个人能力强大”走向“企业能力强大”
“门店盈利复制”走向“店长标准复制”

“连锁门店扩张”走向“招商加盟复制”，简言之，有门店标准化和没有门店标准化的区别就在于：只知道开店，没有标准化，不经过训练，靠经验去做。肯定会出现：门店运营管理很乱，老板天天做“救火队员”，很难盈利，更无法做招商加盟，店长和销售每天忙不停，但成长很慢，离职率非常高，客户投诉多。

连锁企业会从店长手册、销售手册、商品手册、促销手册、百问百答，到运营手册、人才的裂变、门店的裂变，进行标准化复制。有了店长标准化，老板就有时间去思考战略，战略也能落地，有标准、有目标；店员，有辅导，成长也比较快，客户持续地购买，业绩就会不断上涨。

我们常说：美好的生活是奋斗出来的，门店高利润是标准化复制出来的，客户好体验是合格员工服务出来的，金牌的店长是店长标准化训练出来的，老板白头发是只有老板一个人在奋斗出来的。

想解放老板就要建立“门店标准化盈利复制”。

如果门店没有标准，老板就难以考核；如果门店不能考核，老板就难以管理；如果门店不能管理，目标就难以实现；有标准才有考核，有考核才有执行力。

五、单店盈利体系打造：从0到1

连锁门店扩张 5 大策略：第一步，打造样板店；第二步，提炼单店盈利模型；第三步，建立门店标准化复制；第四步，区域扩张密集型选址；第五步，连锁门店战略扩张选择。

很多人都喜欢谈论大生意、大商战，聊百亿元的商业模式、战略规划，各种商业名词满天飞。很多连锁品牌都是从夫妻店的模式、“亲戚 + 家族”模式，一步一步做大的，不知不觉中做成连锁品牌。如何更好地持续盈利，是让很多老板头疼的问题。

连锁企业品牌运营的特征和品牌扩张的路径是什么样的？要做好单店盈利模型。

连锁门店成功的秘密，首先要将单店做成功。我们开单店，要从选址、装修、商品陈列、店长、销售、服务、话术、进销存等入手，把成功模式沉淀下来形成手册。其次打造好样板店，在多店进行测试或在一个区域里进行测试，继而形成连锁系统，形成标准，系统地复制。

所以，没有标准，没有打造好单店盈利，最好不要开很多店，否则开的店越多，失败的概率就越大，麻烦也就越多。只有先把单店的盈利模型做好，在一家店做到标准化之后进行复制，才能成功，不能一家店成功之后就不断地开，要先提炼出成功的东西，老板要把事情想大，把事情做小。

我要开 1 000 家店，支撑开 1 000 家店成功要素是什么？单店盈利模型 + 门店标准化 + 训练体系。只想开更多连锁门店，不想练基本功，门店开得越多，企业倒闭得越快。

单店的盈利模式是“交易人数 × 客单价 × 毛利率 – 成本”

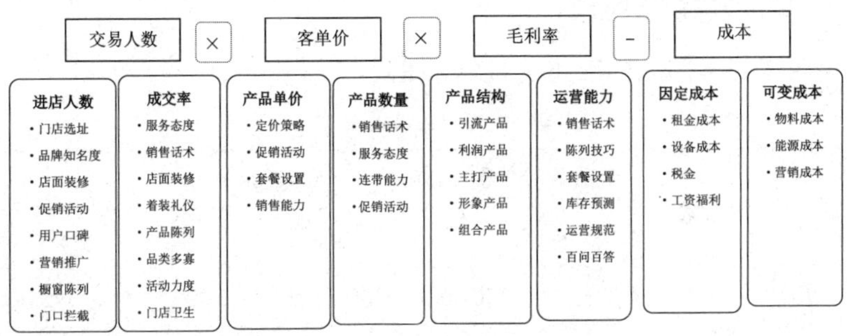

图1–6　单店的盈利模式解读

成交率，主要取决于服务态度、销售话术、门店装修、礼仪、产品陈列、品类的活动和卫生等。使用错误的销售方法或沟通方式，只会更快地把客户赶走。比如，新招来的销售，没经过训练，只要有个客户进来，就一直在客户屁股后面跟着，客户无法忍受，待不了多长时间就会离开。还有一种是，客户问“这个多少钱”？他说“200 多”。“这个多少钱”？“300 多”。销售人员就像一台问答机或回复机，不了解客户的需求，就敢推荐产品，这种情况也会把客户赶走。

门店做销售，产品价格比较高，销售话术、百问百答、销售技能等都要经过训练，包括产品定价的策略、什么是引流产品、产品的结构、利润型产品和流量型产品如何销售，所以在促销活动套餐设计和销售能力上，一定要做好产品数据，包括运营能力、陈列套餐的设计、库存的预测、畅销款的陈列和滞销款的陈列等，以及如何做商品的组合、畅销款和滞销款怎么组合，以及促销活动。

记住，开店时，先要了解一下单店盈利的模式，即定位客户、定位产品、定位价格、定位服务方式、定位运营模式，然后将这些提炼出来。

1. 打造单店盈利时

摸索—实践—纠正—改善—进步—沉淀。

2. 单店盈利成功时

门店标准化 + 可复制。

3. 连锁门店扩张时

单店盈利 + 门店标准化 + 直营 / 加盟。

表1–4　店铺盈亏平衡

店铺盈亏平衡（60㎡年租金25万元）					
费用项目	月均（元）	合计（年）	费用项目	月均（元）	合计（年）
租金	20 833	250 000	装修分摊	3 000	72 000
人员工资（4人）	8 000	96 000	活动费用	100	每年1 200
水电费用	900	10 800	工商管理	500	1 100
运费用	100	1 200	平均折扣	70%	70%
低值易耗品	50	600	进货折扣	40%	40%
月均费用合计	33 483元				
毛利率	30%				
营亏平衡点	33 483/30%=111 610元				
	总成本/毛利率=盈亏平衡				

连锁门店新盈利公式：单店盈利模式 × 选址正确 × 优秀店长 × 门店数 × 拓客率 × 进店率 × 体验率 × 成交率 × 连带率 × 客单价 × 复购率 × 推荐率 × 宣传率 × 产品力 × 品牌力 × 人才复制力 × 数字化 × 组织活力 + 门店标准化盈利复制。

六、连锁门店扩张战略：从1到N

连锁门店竞争力：1.0 单店盈利模型，2.0 门店标准化复制，3.0 产品力 + 复制力 + 供应链，4.0 整合力 + 品牌力 + 资本力。

亚当·斯密的《国富论》一开篇就讲到了分工的问题，指出国民财富积累最重要的原因是劳动生产率的提高，而劳动生产率的提高来自分工。

门店成功秘密

开店：单店成功

多店：能人成功

连锁：系统成功

我们借助一个非常生活化的例子，简单诠释一下亚当·斯密的观点：

过去，椅子的生产过程是：先把木头劈开、堆好、装好，然后刷上油漆，最后全面检验一下，确定没有问题，椅子就做好了。这个制作椅子的人，被称为“木匠”。

现在，椅子是怎么生产的？分工合作，有人负责劈，有人负责推，有人负责装，有人负责检验。

“复制”木匠很难，因为匠人的手艺都是日积月累磨出来的，不可能一两天就能掌握精髓。然而，复制生产椅子的工序就相对简单多了。专业化分工，流水线作业，既节省时间，又能提高生产效率，如果有了工序，还可以复制更多的团队。

连锁企业发展的路径就是从单店成功到区域扩张，比如，密集型选址，在选址和扩张上有三种方式：一是跳跃式扩张，就是跑马圈地；二是密集型选址；三是卫星店选址，就是我在一条街上开 10 家店或 20 家店，或只在某个区开店，只要将每条街道都布置好，就能提升品牌的影响力、降低成本。所以，有一句话讲得很好，“我是全球知名品牌，我是这条街的知名品牌，所有人都知道”。

每家店服务的半径是不一样的，比如，便利店的服务半径约为500米，最远1.5公里，除非周边的商业业态或交通都非常便利，否则服务范围大约只有500米。所以，要从单店到密集型选址，不要跳跃式选址，除非有大量资本的加持，或者你以前是做另外一个产业的，现在你做产业能跟以前的结合。

区域扩张就像连锁品牌，是一个区域一个区域地打。比如，老乡鸡，在安徽做了十几年，一直都没走出来，2020年才开始往外扩张，就是从单店的盈利到区域扩张，然后到连锁扩张，这就是单店盈利复制门店和复制的标准化。

对于某个商品，第一种就是卖商品，我把商品卖给你；第二种就是卖门店，我把品牌的形象和VI系统卖给你；第三种就是把标准化卖给你，把运营的标准化卖给你；第四种就是把盈利模式卖给你，将供应链、品牌的模式卖给你。

连锁企业的盈利模式有很多，总部的盈利模式有很多，很多地方所谓的标准化也能卖钱。比如，海底捞的标准化是收费的，给加盟商或员工做培训，建立商学院，也是收费的，现在给餐饮企业培训收费。

0.0门店试错期（快速试错）——打磨
1.0门店生存期（单店盈利）——做成
2.0门店复制期（门店标准）——做大
3.0管理规范期（店长标准）——做强
4.0运营提升期（提升利润）——做久
5.0人才复制期（孵化人才）——长久
6.0平台联盟期（增强竞争）——共赢

2018年我们给月子中心做培训，给钻石小鸟做培训，它们也会对加盟商收费。也就是说，有了店长标准化、销售标准化，我们就要收费。当然，收费方式共有两种：一种方式是你卖了多少产品，或你的业绩达到了多少，我收多少钱。还有一种就是，你来上课，我也收费。所以，标准化能卖钱，商学院也能挣钱。这也就是所谓的赋能。未来我们不仅要赋能自己企业，也要赋能周边相同业态。比如，海底捞，现在就给餐饮行业的人做培训。

当然，你还可以从门店品牌收加盟费。不过，无论是开一家店，还是开两家店，并不是说要开20家店、30家店才开始提炼标准化，而是越早提炼，成本降低得越快、越低，提升的利润也就越高。这就是门店发展的路径。

世界上没有两片相同的叶子，世界上没有两个一模一样的指纹。做门店标准化不能照搬其他公司，做门店标准化是为了实现公司目标，做门店标准化也会有人反对。认为自己很好了，不用做，其实是害怕改变。

无论多正确的道理都不会让你真正受益，除非你真的相信并在行动中贯彻它，就像门店标准化盈利复制很重要一样。如果老板不重视，效果减50%，店长执行不到位，效果减50%。

案例分析：鼎泰丰

“鼎泰丰剧团”有自己的术语，它们不说“欢迎光临”“谢谢光临”，而是说“您好，里面请”“谢谢您，请慢走”；为顾客服务时，不说“帮您”，而是“为您”；客人有需求时，不说“没问题”，而是“好的，马上来”。而且，团员不只对用餐客人微笑有礼，更把“请”“谢谢”“对不起”“麻烦您”等话语用于工作伙伴身上。

擦玻璃被分解成“由左至右、由上而下”“左到右是顺时针”“右到左是逆时针”“S形方式擦拭”四个口诀，整场秀的表演者从头到尾嘴角扬起微笑，动作细心又优雅，专注而温柔地对待面前的玻璃。

通过在后台有纪律的练习过程，才能成为在前台表演的擦玻璃达人。同样，炒饭、炒青菜、小笼包、前菜等各种达人，经由PK赛，评比票选出来的代表，会到各店巡回指导。

七、搭建连锁门店的标准化体系

店员，拖、等、靠；店长，忙、茫、盲；销售，错、错、赶；督导，巡、瞎、矛；老板，急、忙、累。门店标准化盈利复制来给你帮忙。

（一）门店标准化复制 8 大分类

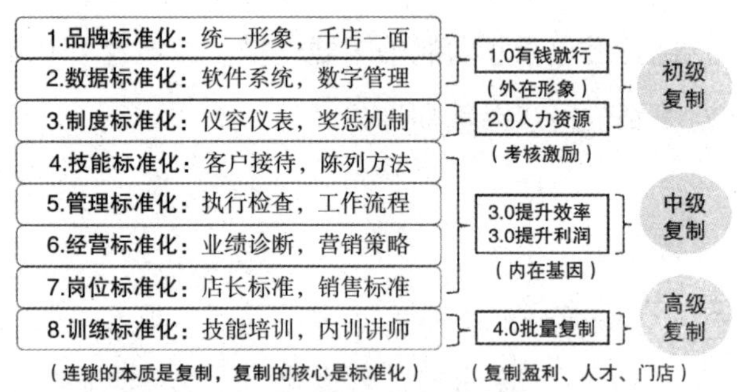

图1-7　门店标准化复制的分类

1. 品牌标准化：统一形象，千店一面

（1）强化品牌形象。通过统一的品牌形象，消费者可以迅速识别并记住品牌，从而增强品牌记忆点。

（2）视觉识别系统（VI）。包括品牌标志、字体、颜色、包装等元素，应在所有门店和营销材料中保持一致。

2. 数据标准化：软件系统，数字管理

数据标准化管理，本来是门店高级运营管理技能，但目前大量的企业只是把它当成数据。比如，商品进销存数据、销售数据，主要是因为，这些企业不能把数据指导门店运营管理来提升门店利润，提高工作效率，比如：瑞幸咖啡可以通过外卖热卖地图，分析指导门店选址；服装门店可以通过数据分析连带率等；很多连锁企业甚至根本就没把宝贵的数据利用起来，因为它们不清楚门店的盈利公式。以前在线下公开课中我带连锁企业一起分析，一起设计门店盈利公式，连锁企业都说，有了这个门店盈利公式，店长立刻就有了工作重点。

案例分析：泰国东方饭店

泰国东方饭店几乎将所有到饭店消费的客人全都存档立册。

一次一位先生走进餐厅，服务小姐便殷勤地问道："先生还要老位子吗？"

这位先生惊诧不已，心中暗忖：上一次来这里吃饭已经是3年前的事了，难道这里的服务小姐还记得？

服务小姐主动解释："我刚接到通知，说您已经下楼就要进餐厅了。我在记录中看到，您前年6月9日在第二个窗口的位置上用过餐。"

先生听后有些激动，忙说："老位子，对，老位子！"

服务员接着问："老菜单？一个三明治，一杯咖啡，一个鸡蛋？"

先生极为感动："老菜单，就要老菜单！"

泰国东方饭店将服务细节做到了极致，一般酒店难以企及，但作为一个努力目标，还是可以实现的。在一般酒店餐厅，客人的档案不可能建得那么完整，但要求服务员力所能及地熟记客人姓名、嗜好、饮食习惯等大有裨益。

首先，给客人一份好的心情。客人一进餐厅，咨客一声带姓或带职位的问候，准确而热情的欢迎，都令客人有十足的面子，心情随之开朗起来。

其次，表明对客人的看重。告诉客人，您在我们心目中绝非一般顾客，我看重您的一切并随时恭候您的到来。

3. 制度标准化：仪容仪表，奖惩机制

（1）仪容仪表。为了确保员工的外在形象符合公司的文化和形象要求，连锁企业会制定详细的规范。例如，对于男职员，要求不染发、不留长发等，同时要求每日喷啫喱水定型、不能佩戴任何饰品、胡须每日刮干净等。对于女职员，同样有详细的头发、手部、着装等规范。这些规定旨在确保员工以整洁、专业的形象出现在工作场所，提升企业形象和团队凝聚力。

（2）奖惩机制。连锁企业通过建立明确的奖惩标准，来激励员工积极进取，提升整体工作绩效。奖励机制可能包括上班制度、请假、绩效奖金、优秀员工奖、团队奖等多种形式，根据员工的工作表现和业绩考核结果给予相应的奖励。同时，对于违反公司规定或工作表现不佳的员工，也会制定相应的惩罚措施，如口头警告、罚款、降级甚至解雇等。这种奖惩分明的机制有助于维护企业的工作秩序和纪律，促进员工的个人成长和团队发展。

4. 技能标准化：客户接待，陈列方法

（1）客户接待。

①热情接待。当客户踏入服务中心或店铺时，员工应立即起身站立，面带微笑，与客户进行目光交流，并主动打招呼。这种热情的态度能够让客户感受到被重视和欢迎。

②专业引导。根据客户的需求和情况，员工应提供专业的引导和服务。例如，在客服中心，如果客户需要办理某项业务，员工应主动询问并引导客户到相应的窗口或区域；在零售店铺中，销售应根据客户的购物需求提供个性化的推荐和搭配建议。

③有效沟通。在与客户沟通时，员工应保持语气温和、礼貌文雅，并耐心听取客户的意见和建议。同时，员工应善于表达，清晰、准确地传达企业的信息和意图，避免产生误解或歧义。

④处理异议与投诉。当客户提出异议或投诉时，员工应保持冷静和耐

心，认真倾听客户的诉求，并根据企业的政策和规定给出合理的解决方案或建议。在处理过程中，员工应保持与客户的沟通和协商，确保双方能够达成共识。

⑤送别客户。在客户离开时，员工应表达感谢和祝福，并根据客户的身份和规格确定送别方式。送别客户是接待过程的最后环节，也是留给客户深刻印象的关键时刻。

案例分析：迪士尼

迪士尼优质服务指南针包括以下 4 个要点。

要点 1：宾客学。迪士尼奉行“顾客至上”的理念，顾客是上帝，是金主，一切为顾客着想。顾客在迪士尼体验到了前所未有的快乐，才会念念不忘，这也是迪士尼有更多回头客的原因。

要点 2：品质标准。按照重要性排序，依次是安全、礼仪、表演和效率。通过专注细节，事无巨细，脑洞大开，从门把手到餐厅，甚至到路面结构、垃圾桶的摆放——都向游客提供着信息，都诉说着迪士尼独一无二的魅力。

要点 3：提供系统。迪士尼演职人员友善、亲切、乐于助人、融入角色，对宾客的体验有着至关重要的影响。迪士尼乐园的场景是巨大演出的道具，整个乐园是一场舞台剧，可以给游玩者以视觉、听觉、嗅觉、触觉、味觉等不真实的梦幻体验。

要点 4：整合。将三个服务提供系统合而为一，成为完整的系统。在落实服务策略的过程中，将员工、场景和服务流程集合起来，为宾客带来超越预期的体验。

（2）陈列方法。陈列方法是零售店铺中提升商品吸引力和促进销售的重要手段。一个标准化、科学的陈列方法能够提升店铺的整体形象，增加商品的曝光率和销售量。

①整齐洁净。保持货架、柜台、堆头等陈列区域的整洁、干净是最基本的要求。任何与陈列商品无关的物品不能在陈列区域出现，任何有损于陈列商品形象的物品或行为也不能在陈列区域出现。

②分类集中。将商品按照不同的系列、类别或主题进行分类集中陈列，有助于顾客快速找到所需商品，并提升店铺的整体形象。例如，在服装店铺中，可以将上衣、裤子、裙子等按照不同的系列进行分类陈列；在超市中，可以将食品、日用品、家电等按照不同的类别进行分类陈列。

③主题陈列。设置特定的主题来进行商品陈列，营造独特的购物氛围，吸引顾客的注意力。例如，在节日期间，可以围绕节日主题进行商品陈列；在换季时，可以围绕季节主题进行商品陈列。

④关联陈列。将相关联的商品进行组合搭配的陈列方式，有助于提高商品的连带销售率。例如，在服装店铺中，可以将上衣、裤子、鞋子等进行搭配陈列；在超市中，可以将食品、饮料、餐具等进行关联陈列。

⑤视觉冲击力。通过对比式陈列、重复陈列等方式，增强商品的视觉冲击力，吸引顾客的注意力。例如，在色彩、质感和款式上形成反差的对比式陈列；在相同商品、装饰、POP 等陈列主体或标识、广告等在一定范围内或不同的陈列面上重复出现的重复陈列。

⑥易取易放。陈列的商品应方便顾客拿取和放回，避免过高或过低的陈列位置导致顾客取放不便。同时，商品的陈列顺序也应符合顾客的购物习惯，方便顾客快速找到所需商品。

5. 管理标准化：执行检查，工作流程

（1）执行检查。门店管理者应定期对门店的各项运营指标、服务质量和员工表现进行检查和评估，以确保门店始终保持在高标准的运营状态。执行检查的内容包括以下几方面。

①清洁卫生检查。确保门店内外环境整洁，包括地面、货架、展示台等。

②商品陈列检查。检查商品陈列是否整齐、有序，是否符合品牌形象。

③库存检查。记录商品库存情况，确保库存数量充足且不过多积压。

④安全检查。确保防火、防盗等安全措施到位。

⑤服务质量检查。评估员工的服务态度、专业技能和顾客满意度。

⑥销售业绩检查。分析销售数据，评估销售业绩是否达到预期目标。

（2）工作流程。门店管理标准化还包括对工作流程的规范化和标准化。通过制定和执行统一的工作流程，门店可以确保各项运营活动有序进行，提高工作效率和服务质量。以下是一些常见的工作流程。

①营业前准备流程。

◇ 清洁卫生。确保门店内外环境整洁。

◇ 检查陈列。检查商品陈列是否整齐、有序。

◇ 整理商品。根据销售情况调整商品陈列，补充缺货商品。

◇ 核对库存。记录商品库存情况。

◇ 检查安全。确保安全措施到位。

②接待顾客流程。

◇ 主动迎接顾客，了解顾客需求。

◇ 提供个性化的服务，解决顾客问题。

◇ 促进交易完成，提供收银、包装、送别等一站式服务。

③销售流程。

◇ 明确销售过程中的各个环节，如顾客接待、产品介绍、收银等。

◇ 制定销售话术和百问百答，确保销售人员能够准确、专业地解答顾客问题。

◇ 记录销售数据，分析销售情况，制定销售策略。

④结束营业流程。

◇ 关闭店内设备，如灯光、音响等。

◇ 整理商品，确保货架整齐、有序。

◇ 关闭店门，确保门店安全。

此外，还有店长工作流程、店长每日工作流程、店长每周工作流程、店长每月工作流程、店长辅导流程等。

6. 经营标准化：业绩诊断，营销策略

在门店经营中，业绩诊断和营销策略是提升门店业绩和竞争力的关键要素。

（1）门店业绩诊断。门店业绩诊断是通过对门店运营数据的分析，找出影响门店业绩的关键因素，从而制定有效的改进措施。常见的业绩诊断指标如下。

①客流量。指的是在一定时间内经过门店的目标消费群体人数。客流量的大小直接反映了门店的吸引力和市场潜力。通过对比不同时间段的客流量，可以找出销售高峰期和低迷期，从而制定相应的营销策略。

②进店率。指的是进入门店的总人数与客流量的比例。进店率的高低直接反映了门店氛围、品牌形象和橱窗陈列的吸引力。通过提高进店率，可以增加门店的潜在客户数量。

③成交率。指的是成交人数与进店人数的比例。成交率的高低直接反映了员工的销售技巧、产品熟悉程度以及营销方案的有效性。通过提高成交率，可以提高门店的销售业绩。

④客单价。指的是每位顾客平均购买商品的金额。客单价的高低直接反映了员工的附加推销能力、门店陈列以及顾客消费习惯等因素。通过提升客单价，可以增加门店的销售额和利润。

⑤复购率。指的是顾客再次进店消费的比例。复购率的高低直接反映了门店的服务质量、产品品质和顾客忠诚度。通过提高复购率，可以稳定门店的客源，提高顾客满意度和口碑传播力。

（2）门店营销策略。门店营销策略是提升门店业绩的重要手段。以下是一些常见的营销策略：

①品牌提升策略。通过各种形式的宣传以打造品牌形象，提高品牌的知名度与美誉度。这包括广告宣传、媒体报道、公益活动等方式。

②价格适合策略。根据目标消费群体的消费能力和心理预期，制定合理的价格策略。这包括折扣、优惠、满减等方式，以吸引顾客购买。

③促销活动策略。定期举办促销活动，如限时折扣、买一赠一、满额抽奖等，以刺激顾客的购买欲望；同时，可以结合节假日、会员日等特殊时期进行主题促销。

④会员管理策略。建立完善的会员制度，通过积分、优惠、专属服务等方式吸引顾客成为会员；定期向会员发送活动信息、生日祝福等，增强会员的归属感和忠诚度。

⑤线上线下结合策略。利用互联网平台进行营销推广，如开设网店、做电商直播、投放网络广告等；同时，将线上线下业务结合起来，打造O2O 模式，为顾客提供更加便利的服务。

⑥体验式营销策略。营造良好的购物环境，为顾客提供良好的购物体验。这包括舒适的购物环境、专业的导购服务、便捷的支付方式等。通过提升顾客体验，可以增加顾客的满意度和忠诚度。

门店经营标准化中的业绩诊断和营销策略是提升门店业绩和竞争力的关键要素。通过科学的业绩诊断和有效的营销策略，门店可以不断优化运营流程、提高服务质量、吸引更多顾客、提高销售业绩。

7. 岗位标准化：店长标准，销售标准

门店岗位标准化对于确保门店运营的一致性和高效性至关重要。比如对店长标准、销售标准、督导标准化。

（1）店长标准。店长是门店运营的核心人物，其实力直接影响门店的业绩。

店长标准化主要包括以下几个方面。

①专业技能。店长需要具备过硬的专业技能，包括营销学、管理学、统计学等方面的知识。他们能够全面了解门店的运营情况，制订并执行有效的销售策略和管理计划。

②领导能力。店长需要具备强大的领导能力，能够带领团队克服困难和挑战，保持积极向上的心态和态度。他们能够激发员工的工作热情和团队合作精神，提高工作效率和业绩。

③市场敏感度。店长需要具备敏锐的市场洞察力，能够根据市场变化和竞争态势及时调整门店的运营策略。他们能够分析销售数据，找出影响业绩的关键因素，并制定相应的改进措施。

④财务管理。店长需要掌握门店的财务管理知识，包括账务管理、成本核算、利润分析等。他们能够确保门店的财务状况清晰、准确，为公司的决策提供有力的支持。

⑤持续学习。店长需要具备持续学习和自我提升的能力。他们需要不断关注行业动态和市场变化，学习新的管理理念和销售技巧，以不断提高自己的管理水平。

（2）销售标准。销售是门店与顾客之间的桥梁，他们的表现直接影响顾客的购买决策和门店的业绩。

①销售态度。销售人员需要具备积极、热情、专业的销售态度。他们能够主动迎接顾客，了解顾客的需求，提供专业的购买建议和服务。

②销售技能。销售人员需要具备熟练的销售技巧，包括产品知识、沟通技巧、谈判技巧等。他们能够根据不同顾客的需求和情况，灵活运用销售技巧，促成交易。

③服务标准。销售人员需要遵循统一的服务标准，包括微笑服务、礼貌用语、专业解答等。他们能够确保顾客在购物过程中感受到舒适和愉悦，提升顾客的满意度和忠诚度。

④销售流程。门店需要制定统一的销售流程，包括顾客接待、产品介绍、试穿 / 试用、收银、送别等环节。销售人员需要严格按照流程执行，

确保销售过程的顺畅和高效。

⑤业绩目标。销售人员需要明确自己的销售目标，并制订相应的销售计划。他们能够不断努力提升自己的销售业绩，为门店的整体业绩作出贡献。

（3）督导标准化。督导是门店运营中的重要角色，他们负责监督门店的运营情况，确保各项标准和流程得到有效的执行。

①专业知识。督导需要具备丰富的门店运营知识和经验，能够全面了解门店的运营情况和存在的问题，能够指导店长和销售人员改进工作方法和流程，提高门店的运营效率。

②检查能力。督导需要具备敏锐的检查能力，能够发现门店运营中存在的问题和隐患，需要定期对门店进行检查和评估，确保各项标准和流程得到有效执行。

③沟通能力。督导需要具备出色的沟通能力，能够与店长、销售人员和顾客进行有效的沟通，能够倾听员工的意见和建议，协调解决工作中出现的问题，同时向顾客传递公司的品牌形象和价值观。

④培训能力。督导需要具备强大的培训能力，能够对店长和销售人员进行专业的培训和指导。能够传授先进的销售技巧和管理理念，提高员工的专业素质和业务水平。

⑤数据分析能力。督导需要具备数据分析能力，能够通过对销售数据的分析找出影响业绩的关键因素，能够制定有针对性的改进措施，为门店的业绩提升提供有力的支持。

8. 训练标准化：技能培训，内训讲师

培训是让员工知道，训练是让员工知道并做到。

门店训练标准化是确保门店员工具备统一、专业的技能和服务水平的关键。

（1）技能培训。技能培训是门店训练标准化的核心内容之一。它旨在提高员工的业务能力和服务水平，确保员工能够熟练掌握岗位所需的知识和技能。

①产品知识培训。员工需要了解门店所销售的产品的特点、功能、优势以及使用方法等。这有助于员工向顾客提供专业的购买建议和服务，提升顾客的购买体验。

②销售技巧培训。员工需要掌握有效的销售技巧，包括沟通技巧、谈判技巧、成交技巧等。这有助于员工更好地了解顾客需求，促成交易，提升销售业绩。

③服务标准培训。员工需要遵循统一的服务标准，包括微笑服务、礼貌用语、专业解答等。这有助于提升顾客满意度和忠诚度，树立良好的品牌形象。

④实操演练。通过模拟实际销售场景，让员工进行实操演练，以检验员工对所学知识和技能的掌握程度。同时，实操演练也有助于员工更好地适应实际工作环境。

（2）内训讲师。内训讲师在门店训练标准化中扮演着至关重要的角色。他们负责传授知识和技能，确保员工能够熟练掌握岗位所需的能力。

①专业素质。内训讲师需要具备丰富的门店运营知识和经验，能够全面了解门店的运营情况和员工需求。同时，他们还需要具备扎实的专业素质和表达能力，能够将复杂的知识和技能以简单易懂的方式传授给员工。

②课程设计能力。内训讲师需要具备课程设计能力，能够根据门店的需求和员工的特点制订有针对性的培训计划。课程内容应涵盖产品知识、销售技巧、服务标准等方面，确保员工能够全面掌握岗位所需的知识和技能。

③授课技巧。内训讲师需要具备出色的授课技巧，能够激发员工的学习兴趣和积极性。他们需要运用多种教学方法和手段，如案例分析、角色扮演、小组讨论等，以增强课程的互动性和趣味性。

④评估与反馈。内训讲师需要对员工的学习成果进行评估和反馈，以便及时调整培训计划和教学方法。他们可以通过考试、实操演练、顾客反馈等方式评估员工的学习成果，并根据评估结果给出有针对性的改进

建议。

⑤持续学习。内训讲师需要具备持续学习和自我提升的能力。他们需要不断关注行业动态和市场变化，学习新的知识和技能，以不断提高自己的教学水平和专业素养。

一个人的努力是加法
一个团队的努力是乘法
一套门店标准化是超级盈利

技能培训和内训讲师在门店训练标准化中发挥着至关重要的作用。通过系统的技能培训和专业的内训讲师团队，门店可以确保员工具备统一、专业的技能和服务水平，为顾客提供优质的服务体验，从而实现门店的持续发展和扩张。

连锁总部一定要知道："最好的老师就在企业内部。"

"不谋万世者不足以谋一时，不谋全局者不足以谋一域"，老板要有超前思维，具有"远见"，方可达到"谋定而后动"。门店标准化盈利复制是连锁企业万丈高楼的地基，是连锁门店盈利扩张的第一步。

（二）门店标准化复制 5 大流程

如图 1-8 所示。

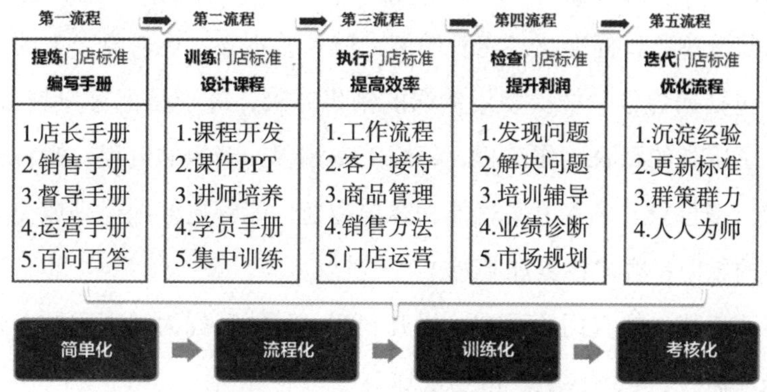

图1-8　门店标准化复制的流程

第一流程，提炼门店标准，编写手册。主要包括店长手册、销售手册、督导手册、运营手册、百问百答。

想做连锁门店扩张，想门店持续盈利，就要提炼门店的标准化流程，不依靠能人，靠流程复制成功，不会因为金牌店长离职，门店业绩就下滑；不会因为销冠离职，公司就没有办法培养销冠。

第二流程，训练门店标准，设计课程。主要包括课程开发、课件PPT、讲师培养、学员手册、集中训练。

单店模型：门店扩张复制第一战略
选址手册：开店前先成功第一战略
店长手册：单店持续盈利第一战略
销售手册：大单成交复购第一战略
督导手册：区域业绩提升第一战略
人才训练：人才梯队建设第一战略

培训是让员工知道，训练是让员工知道并做到，连锁企业未来不能一直依靠外部的力量做培训，一定要有自己的训练系统和内训师，因为最好的老师就在企业内部。以前的高管不愿意讲课，主要是因为没有标准化和PPT课件，所以一定要开发出店长课程、销售课程、督导课程等，因为门店标准化手册+PPT课件+内部讲师=门店训练系统。

第三流程，执行门店标准，提高效率。主要内容为工作流程、客户接待、商品管理、销售方法、门店运营。

以前没有店长标准化，店长的能力就参差不齐，店长靠个人的能力在发挥，包括销售也一样。使用错误的销售方法，等于是把客户赶出门店。现在有了店长的每日工作流程、每周工作流程、销售的流程、销售百问百答手册，销售只要拿着答案就能和客户沟通，能够更好地提高成交率和减轻销售的压力，客户也更加满意。

第四流程，检查门店标准，提升利润。具体流程为发现问题、解决问题、培训辅导、业绩诊断、市场规划。

做门店标准化就是9个字：记得住，用得上，能考核。所以，门店标准化需要能够检查、考核，让所有的人心服口服。同时，检查也是店长最大的信任，检查就是希望你不犯错。所以，督导下店时或者在巡店过程中，不要只发现问题，更要解决问题和提升门店的业绩和绩效。

第五流程，迭代门店标准，优化流程。要点包括沉淀经验、更新标准、群策群力、人人为师。

对于门店标准化，很多企业有一个认知误区，认为门店标准化做出来之后就不用修改了。其实，门店标准化制定出来之后是需要修改的，有些门店标准可以当天修改，有些门店标准需要3个月再修改。比如，餐饮业关系到食品安全，做出门店标准化后，可以先选择几个门店进行测试。迭代之后，再做全店复制。

未来，人人都是老师，人人都是门店标准化的制定者。一定要记住：门店标准化流程是从下往上做的；门店标准化制度是从上往下做的。

在协助连锁企业做门店标准化过程中我发现，有85%的员工不希望变动。因为变动意味着要重新学习。但习惯是很难改变的，经营企业要不断地拥抱变化，这就需要老板或高层管理者坚持做门店标准化，不要只要员工反对就放弃，因为说服员工拥抱变化也是管理的一项任务。

在企业中，“反对”是一件很容易的事情，因为他不要承担风险，甚至也没有成本（如学习成本、变动成本）；相反“支持”是一件有成本和有风险的事情。所以，一个反对者，经常能干死三个支持者。比如建立门店标准化。

门店装修旧了：要升级

产品销售多年：要升级

客户购买变化：你升级了吗

员工思维变化：你升级了吗

竞争市场变化：你升级了吗
店长运营管理水平升级了吗
门店标准化盈利复制升级优化了吗

（三）门店标准化复制关系图

老板不重视门店标准化，门店利润少一半；老板不重视店长标准化，老板自己急、忙、累；老板不重视销售标准化，客户被销售赶出门店；老板不重视督导标准化，区域门店业绩难提升；老板不重视选址标准化，门店投资全部打水漂。

创业就是不进则退，特别是开门店。当然，如果只开一家门店，肯定不需要做标准化，因为老板就是最好的标准化。如果未来想有更多的时间和自己爱好的游玩，就要建立门店标准化。

只开一两家店，优秀人才都会离开，因为他们在这家门店看不到希望，最忙的就是老板。而门店多的老板是没有这个精力和能力的，这时候建立门店标准化就成了最好的方法。如此，既能留住优秀的人才，又能让老板有更多的时间做自己的事情，因为创业就是为了更好地生活。

门店标准化复制：3个阶段
1阶段：老板亲力亲为做复制
2阶段：师傅带徒弟在做复制
3阶段：用门店标准化做复制

第一步，将已经成功的经验或停留在老板脑袋里的成功经验和店长的成功经验，全部提炼出来，变成门店标准化。

第二步，结合行业成功的经验，做出一套属于自己的门店标准化，进行复制。在复制的过程中，你会发现督导比店长能力要强。因为开5家店之前，老板是最大的督导，老板巡店是发现问题、解决问题。

第三步，店长的标准化、销售的标准化。当然，光有标准化也不够，还需要有门店“标准化手册 +PPT 课件 + 讲师”，因为门店标准化的目的是提高效率和提升利润，最终都要围绕门店盈利和客户满意度而做，而不是为了标准化而做标准化。

在做门店标准化的过程中，不要一做就做全部标准化。我给连锁企业在做门店标准化的过程中，不止一次地说过，哪个标准化会影响你的绩效，哪个标准化就能够提升你的利润。比如，客单价比较高，销售标准化自然就比较重要；如果门店的人比较多，有二三十人，那店长标准化肯定比较重要；如果未来要开很多店，那选址标准化就很重要。

因为民营企业都是一个萝卜一个坑，所以，先做最影响业绩的。当然，如果你拿到很多的投资，不差钱，就没什么关系了。

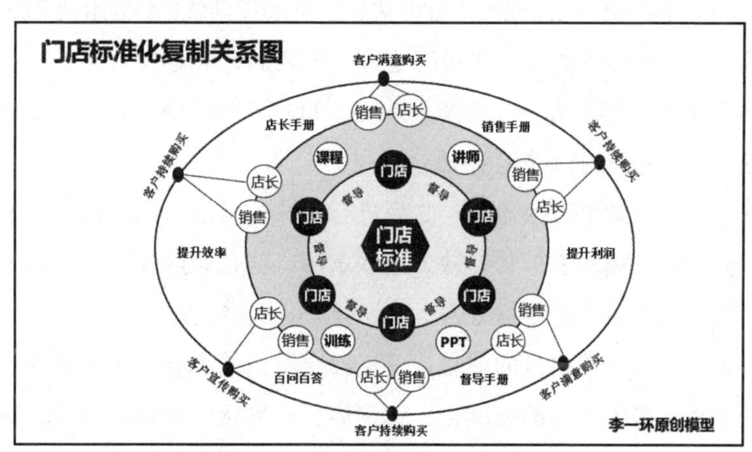

图1-9　门店标准化复制关系图

想开店没店长老板也苦恼；光开店没标准门店难扩张；光加盟没体系加盟难盈利；光巡店不辅导问题总出现。

八、门店标准化的复制流程

连锁企业在做连锁标准化或者说在连锁扩张的过程中，要做标准化。门店标准化的复制流程如下。

首先，提炼标准，如店长标准、销售标准、督导标准、陈列标准、商品管理标准。有些企业制定的标准化之所以没有用，是因为没经过训练。凡是没有经过训练的标准化都不叫标准化，只有经过训练的标准化才叫标准。

其次，建立督导系统。对员工进行训练之后，要建立督导系统，对企业系统进行检查和评估，包括修正系统。如此，有标准、有训练、有检查和评估，才是完整的标准化系统。

最后，可以做单店的盈利；之后进行人才的复制、门店的复制和多店经营、招商加盟和连锁扩张。缺少这些东西，就是假的连锁，或者连锁很吃力。然后，就能快速复制门店，减少员工的试错成本。

标准化，一个重要目的就是让员工没有犯错的机会，解放老板，最后不断持续地来迭代我们的标准化，达到店长标准化、销售标准化，以及促销手册、店长手册、商品的手册，包括百问百答，让销售门店的运营管理能达到人才裂变、门店裂变和盈利的裂变。到了最后，表面上是门店的连锁，实际上是人才的复制。

所以，做到最后，如果你还是商品的复制或门店的复制，还处于 1.0 阶段，就要在单店盈利上进行复制，让门店进行标准化的盈利复制。

（一）门店盈利模式复制：单店盈利

加盟商如果不能持续盈利，就要想办法让加盟商能够挣钱，更加轻松地管理门店。

加盟商加盟总部有两个目标：一个是能够轻松挣钱；另一个是虽然很辛苦，但只要能挣大钱，也可以，否则，加盟商很容易在一夜之间就把你的门头给换了。所以需要人才复制、门店复制、盈利复制。想扩张，没有盈利，开了店不盈利，或店长的能力不足，门店管理很乱，有事就找老板，老板做店长的事情，店长做销售的事情，销售没什么事可做，都是门店的问题。

连锁标准化的好处：能够提高效率，提高门店的盈利的指标，让标准的梳理沉淀，如工作的流程、销售的流程、服务的流程、收银的流程、卫生的流程、开店的流程、开业的流程，店长每日的工作流程……然后，将盈利能力持续地打通，提升门店的盈利能力。

所谓盈利能力，就是通过商品的数据分析和诊断，比如，畅销、滞销、客户的数据、购买的客单价、购买力、复购率，提高门店盈利的能力，然后批量复制。实际上，连锁企业做到最后，就是复制盈利的模式。

我们给其他企业开公开课，或者在做项目时，在店长标准化复制时，会从店长手册、店长的 PPT 教材、店长训练体系、店长督导体系、讲师体系、店长的工作日记，让成长很慢的店长，达到优秀店长、金牌店长。比如，给咖啡门店做的店长标准化，包括食品安全、品牌管理，员工培训、考核等盈利的指标、会员管理等都做到门店标准化，包括饮品、配送等，把标准化提炼出来形成手册。给店长做复制时，会从岗位职责、技能、核心能力等进行训练和复制，做成标准化，还会将每日流程、每月流程、每周工作流程、辅导流程、培训流程，将数据化分析、商品的陈列等都做成标准。

一句话，做连锁标准化，门店运营管理手册能够一步到位，从方法、工具、执行的标准，我们都能做到。

连锁总部和老板要明白：虚胖的门店规模，没有任何意义，门店已经到了先做强，后做大；产品好就是品牌，服务好就是品牌，门店运营好就是竞争力，店长强就是竞争力；有人才复制体系就是竞争力，有门店标准化盈利复制就是竞争力。

门店标准化3153讨论法

连锁企业做门店标准化背景：以前探讨门店标准化，谁声音大听谁的，谁说得多听谁的，谁职位高听谁的，剩下的时间做简单总结，但这样做出来的门店标准化内容不能执行、不全面，也就是以前是没有规则的无序竞争，现在是有规则的探讨并形成结果。

工具介绍：此探讨流程是一个非常易于操作、可让门店标准化制定小组群策群力的引导研讨工具，可以让制定门店标准化手册上的所有学员从一开始就能参与讨论交流。其目的是让学员迅速集思广益，让每位学习小组成员畅所欲言，分享门店成功经验，销售成功经验，交流制定门店标准化观点。

探讨前工作：选出组长和秘书。

组长：负责组织与探讨，对门店标准化结果负责。

秘书：负责记录与整理探讨内容，形成电子版文档。

分组：每一个组人员要多样性：每组都要设有店长、督导、培训部等，人员要多岗位，要有打字比较快的人。做门店标准化可以分为店长标准化组、销售标准化组、督导标准化组、选址标准化组等。

操作步骤：如探讨店长标准化。

每人独立思考 3 分钟：就店长标准化话题进行独立思考，并写出 3~5 条您认为店长最重要的技能。注意这里最容易犯错，希望大家写多一点，第一步就把时间搞得很长，容易让人感觉很难，其实后面只要探讨一下，内容都会完整地出来，先简单一点，让大家有成就感。

每人分享 1 分钟：从小组长的左手边开始，每人用 1 分钟时间在组内分享自己的店长核心观点，其余组员不得中途打断，有资料或建议可以先记在手册上，秘书负责记录发表内容。

讨论 5 分钟：小组内自由讨论，每个人都可以在他人观点的基础上桥接、延伸、批判。

组代表分享 3 分钟：小组长带领组员归纳总结出本小组研讨的店长标准化结论。或总结出最突出的 3~5 个问题或店长标准化框架作为本组结论。

请小组代表对所有人做店长标准化内容发言，最后组长，其他组员或李一环老师补充内容及点评回应。

（二）门店岗位标准提炼

《店长标准化手册》单店持续盈利

《销售标准化手册》大单连带复购

《督导标准化手册》区域业绩提升

《选址标准化手册》开店前先成功

《训练标准化体系》人才批量复制

连锁企业未来的竞争，不是资金的竞争，而是“造人”能力的竞争。谁能快速培养出合格的人才，得人才者得客户，得客户者得天下。

连锁的本质复制：用流程来实现标准化，用标准化来实现可复制性是连锁策略成功的关键。

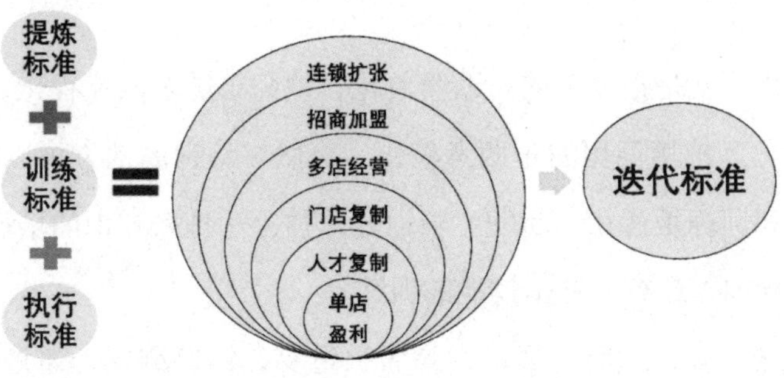

图1-10　门店岗位标准的提炼、训练和执行

标准化，具体怎么来做呢？从本质上来说，连锁就是复制，模式输出、提炼标准、梳理流程、形成规范、编制手册，最后实现复制。第一层，梳理门店的业务流程，分清楚岗位职责，建立标准化。比如，店长岗位职责、销售岗位职责，先做流程，店长的每天流程、每周流程，工具和表单怎样做。第二层，销售流程是怎么样的，客户的体验流程是怎样的。第三层，商品陈列是怎么样的，进销存是怎么样的。第四层，门店的文化。这就是门店四个层面的标准化提炼。

比如，连锁门店标准化的手册，店长手册主要提炼店长的标准化，减少试错成本。员工的岗位职责，员工应该做到什么标准，减少销售摸索成长。因为错误的销售方法会更快地把客户赶走，所以需要促销手册、商品手册、进销存、安全库存、商品的畅销滞销处理方法、门店的市场竞品等。怎么样来做促销？比如，陈列，根据商品的大小、远近、色彩，包括季节性，关联陈列，收银手册、卫生、百问百答，包括训练系统……手册非常多。

不过，手册一定要做得易懂、易学、易操作、易复制和成本低。什么叫比较易懂的？以前的销售流程很长，迎宾、开场白、了解需求、疑问解答、产品推荐、产品体验，然后成交，最后送客……细节特别多，要把每一个步骤变成流程，易学、易操作，易复制，成本比较低。不要做得很难。

标准化，就是把复杂的东西简单化，把简单的东西流程化，把流程的东西培训化，把培训化的东西考核化。当然在培训的地方可以加个训练，因为培训和训练是连在一起的。培训分几种：一种是知识的培训，另一种是观念的培训，还有一种是技能的训练。

门店这么多，手册这么多，是店长重要，销售重要，还是选址重要，促销重要？如果想快速扩张，毫无疑问，选址手册、店长手册都非常重要。那怎么来做呢？先把这些手册拿出来，然后在关联内容里进行打分，比如，运营手册、招商手册，如果你认为这里的内容很重要，重要地方就写“1”，非常重要就写“2”，每个人都可以写一张，比如，10个人，一人一张，如果同等重要，或者说差不多，你就写“0”，就能快速地拿出来，10个人进行汇总，就能得出总分。

一个人可以填几个模块，比如，招商的，就填哪些模块；手册的，就填哪个模块，这样填下来，就能进行标准化的模块梳理，然后计划、分工、拟定手册框架、编写研讨内容、检验优化成果。也就是说，在标准化手册的编写过程中，要先把每个模块写出来。比如，先做加法再做减法，先把所有的内容写出来，比如，店长的岗位职责或者店长的标准化。

那么，店长有哪些标准化？角色认知、岗位职责等，商品陈列、进销存、服务、辅导、安全、收银等，先要把这些东西写出来，然后现在存在哪些问题，哪些地方问题比较大，如数据诊断、商品的陈列、员工的辅导等，最后是重点内容的确定，做好纵向横向的衔接，如辅导能力怎么做。

例如，咖啡门店。先通过思维导图或通过其他方式，把重要的几个模块写出来。比如，店长的岗位职责有哪些，角色认知、门店运营标准、食品安全、品牌的管理、员工培训、货物管理、服务态度、考勤、门店业绩提升、福利和薪资、峰终时刻、重点场景的语言、应急处理，就是核心的岗位。

每家公司做的标准化和要求都不一样，要根据自己来确定。在填写的过程中，要尽量多写，先把想到的东西都列出来，然后再做删减或者合并。比如，化妆品，先是角色认知、岗位职责、人员管理、货品、主持会议，要开会，要拓客引流，他认为很重要，然后才是会员管理、带教能力和客户投诉。他认为在他们行业里开会很重要，拓客引流也很重要，客户投诉也很重要，但在其他行业里可能就不会提到，即使有，也不会把它放在最重要的位置。

编写完手册后，要看一下责任人是谁，然后是协助人、撰写人，接着是责任人、协助人、撰写人，完成初稿日期和终稿日期，要有编制日程的推进表。做标准化，就可以这样来做。

没有吃过黄连，不知道黄连有多苦

（竞争大，利润低，没人才，每天烦心事一堆，老板天天当救火员，苦啊！）

没有尝过糖，不知道糖有多甜

（有门店标准化的好处，店长可复制，单店持续盈利，老板轻松管理，甜啊！）

任正非曾经说过：人才不是华为的核心竞争力，对人才进行有效管理的能力，才是企业的核心竞争力，而且不是泛泛地讲“员工是企业最宝贵的财富”。

（三）连锁门店扩张复制：门店裂变

人才是靠不住的，老板也是靠不住的，靠得住的只有流程，只有门店标准化。

靠老板的“人治”，靠老板的“人情”来管理连锁门店，最大的缺陷就是不可复制，用门店标准化解决管理矛盾，用门店标准化解决两者冲突，门店标准化流程比老板更可靠。

企业都存在差不多“先生”、不可能“先生”、没做过“先生”，这些想法都是企业发展中的毒瘤。所以企业要建门店标准化管理体系，职业化、规范化、表格化、模板化、店长标准化、销售标准化、督导标准化。

任正非曾说过："以前我们就讲过华为公司什么都不会留下，就剩下管理。为什么？所有产品都会过时，被淘汰，管理者本人也会更新换代，而企业文化和管理体系、流程标准则会代代相传。因此我们要重视企业在这个方面的建设，这样我们公司就会在奋斗中越来越强，越来越厉害。"

连锁就是复制，复制什么呢？实际上就是门店的裂变，如单店盈利的裂变、人才的裂变、盈利的裂变，也就是说从一个门店的单店盈利成功后，把成功经验提炼出来，然后复制给更多的人。因为门店虽小，但五脏俱全，所有的标准化、商品和服务都需要靠人去做，且有些门店只有几十个平方米，有些上百平方米，当然大卖场可能有几千平方米。这些东西都要人去做，所以，标准化重要的是人才的训练，就是标准化之后要有训练，才能有盈利的复制。

仅仅复制门店或复制商品，是最低的层级，能够复制标准化，复制人才、复制盈利才是最重要的，才能通过数据来分析某门店的业绩指标、商品的进销存、畅销滞销、客户的数据，才能有针对性地开展动销活动，而这些东西也是最重要的。所以盈利的裂变，就是复制的力量。

很多人都知道，郭靖是憨憨的一个人，但武功高强，九阴真经、降龙十八掌、空明拳、左右互搏。他最早的师父是江南七怪，学了10多年，还打不过杨康，后来跟洪七公学了一个多月就很厉害了，就能打过杨康了，所以跟谁学很重要，能力也很重要。

乔峰，降龙十八掌、打狗棒、降魔掌、擒龙功。

令狐冲，华山剑法、五岳剑法和吸星大法、易筋经。

张无忌，九阳神功、乾坤大挪移、圣火令神功、梯云纵、七伤拳、太极拳、太极剑、龙爪手、壁虎游墙功、降龙十八掌。

这些人都特别厉害，他们的功夫都不是自己创的，都是跟别人学的，就是别人已经成功，我们只要把他成功的东西复制在自己身上，复制前辈的成功经验，自己就能成功，所以连锁企业也是这样，把自己成功的经验不断地给这些人复制，帮助别人成功，这才是最重要的。

所以，连锁企业能不能把自己最厉害的招式变成可复制，而不是要靠这些人去自创。让这些人自己也去创造功夫，他们一般都不容易成功。综观整个村或整个镇，你会发现某一个镇、整个镇都在做这个东西，比如，潮州就有很多人经商，为什么？因为他们那边都是经商的，做珠宝的、服装的，包括莆田的医疗、福建的服装。这些地方会进行复制，包括亲戚，你哥做什么，你有可能也会做什么，你叔做什么，你也可能会做什么……

复制可能更容易成功。比如，有些人，他爸是牙科医生，儿子就是牙科医生，所以找到别人成功的路径，就很容易成功，靠自己打拼，希望自己打拼一条路径，很难，最好跟着已经成功的经验来做。中国有两大民间组织：一个叫丐帮，另一个叫少林寺。现在生活水平提高了，丐帮已经没有了，但少林寺还在，为什么天下武功出少林？它们有一个藏经阁，把前辈的知识全部沉淀下来，吸纳复制前辈的经验方法，一抄、二改、三研发。

就是说先抄别人的，先复制别人的东西，再进行改进，最后变成自己的东西。经营企业也一样。没有标准化手册，没沉淀下成功的经验，就会因为店长离职或销售离职，经验被带走，甚至只要店长离职、督导离职、高管离职，经验全部被带走。所以，把成功的经验变成企业可传承的财富，就是标准化要做的工作。

比如，7-Eleven 也是做加盟的，成功概率很高。目前世界上只有两种便利店：一种叫 7-Eleven，另一种叫其他便利店。可想而知，它的竞争力有多么强大。但它的成功大概是 98.5%，不是 100% 都能成功，零售店人员多、学历低、流动大、区域广，都是门店的硬伤，所以门店要做得更加精细化，把成功的经验提炼出来。

那么，应该怎么样来做连锁复制呢？先要形成手册，有标准化系统，然后要有训练系统，要有督导系统。比如，我们给月子中心做店长手册，之后通过训练。培训和训练是完全不同的两个概念，培训是培训知识或理念，训练就是技能的训练。督导系统，就是检查和评估，包括讲师要有讲师系统。

最好的老师在企业的内部。不一定每次都花很多钱请外部的全职讲师，可以从内部选拔。比如，加盟商能做讲师，店长能做讲师，销售能做讲师，高管能做讲师，特别是店长和高管，一定是主要的兼职讲师系统。有些连锁企业，如果你是中级店长，想要做高级店长或者做督导，就必须到总部来讲课，讲多少课时，才能上升到一个级别，所以要提拔内部的讲师，因为他们有更多亲身的工作经验和现场经验，跟学员有更好的共鸣。

有了标准化之后，比如，蜜雪冰城，做了店长标准化时，连锁的标准化后，还要做 PK 复查。复查门店标准化的培训，为了查看执行得怎么样，可以让 A 区到 B 区去，或者 B 区到 A 区来，互相检查。也就是说，在标准化落地和执行后，除了训练，还可以 A 区、B 区进行互查，互相检查、评比，促进大家快速提升。

以前我们说如果打造样板店，就要打造样板区域，制定连锁标准化的手册，就先要提炼标准、训练标准、执行标准，从单店的盈利、人才复制、门店复制、招商加盟和连锁的扩张。在门店复制之前实际上先是人才的复制，因为所有的东西都需要人才去执行。当然，如果资本雄厚，有资金实力，或你这个行业比较新，或你要跑马圈地，也可以先门店复制。80% 的企业甚至 90% 的人都不可能先开那么多店，不过如果有资金的加持，也可以纯靠自己的资本，或者自己来发展，最好先做好人才复制，不要先做门店的复制，最后再迭代地标准，千万不要乱做，更不能在不知道标准的情况下开很多店。

门店的盈利模型是提升利润，运营管理系统是降本增效，管理提高效率；人才复制是建立人才池，督导系统是增加门店持续的盈利系统，就是增加盈利的系统。有单店，有标准，有训练系统，有督导系统，才能形成闭环的效果。单点制胜的时代已经过去，现在都是全体系化的。我们一直在说一流的企业卖标准，二流的企业卖技术，三流的企业卖产品，实际上就是“品牌 + 门店标准化盈利模式 = 商业系统”，连锁企业要有标准，提炼出自己的标准化。

以前市场好，竞争不激烈，我们总认为业绩“治”百病，实际上却是业绩“遮”百病，现在门店业绩不好往往是因为以前业绩太好了。

业绩好时，管理层偷懒，不愿意建标准化，认为业绩一直会好。现在竞争残酷，客户选择性多，各种问题出现，怎么应对竞争，要赶快建立自己的门店标准化体系，用标准的力量来“盈利”。

九、连锁门店标准化手册有哪些

学习不是为了让自己更成功，而是为了让自己避免愚蠢。门店标准化盈利复制，可以让自己少犯错误，让连锁总部不败之战略，让老板永不出局、稳坐钓鱼台。

门店标准化手册有店长手册、员工手册、销售手册、商品手册、促销手册、陈列手册、收银手册、卫生手册、百问百答话术手册和训练手册等。当然，每家公司的手册都不一样，可以根据自己的需求来定制。

表1-5　连锁门店标准化复制手册

序号	门店标准化手册名称	门店标准化手册作用
1	店长手册	提炼店长标准化、输出店长标准化，缩短店长培养周期，减少店长的犯错成本
2	员工手册	让店员有标准，就有执行力，知道应该做什么，达到什么标准，什么不应该做
3	销售手册	让销售不再摸索成长，少拿客户练手，错误的销售方法，只会更快地将客户赶出门店
4	商品手册	商品进销存、商品安全库存、商品捆绑销售、商品畅销、滞销处理方法
5	促销手册	根据市场、竞争、门店、商品、客户，制订有效的促销活动方案，引流，裂变等
6	陈列手册	根据商品色彩、大小、橱窗、季节、系列陈列、关联陈列等
7	收银手册	收银工作的服务规范、岗位职责、行为规范、标准语言、连带销售等
8	卫生手册	卫生制度、卫生清洁操作程序及标准，不同区域、不同材料的清洁方法
9	督导手册	执行公司政策，将标准化落地，检查标准化，辅导员工技能，提升门店业绩
10	训练手册	讲师训练手册，将连锁标准化有效地训练、执行、落地，形成电子版PPT讲师手册
11	百问百答话术手册	提高销售成交率，让销售不会冷场，准确表示产品价值，公司价值，解除客户疑问
12	连锁门店选址手册	门店扩张战略、门店选址模型、门店选址流程、城市/商圈评估分析、目标门店评估等

很多人做了很多手册，为什么没有用？因为流程很多，标准化很多，并不是全部要做出。一定要记住，标准化的手册，就是让普通的人能够执行和操作。

打个比方，60 分跟 90 分，复制的标准化的手册应该复制在哪个阶段？一定要记住，我们复制的是合格。合格、优秀、卓越，最重要的就是复制合格的，要复制合格的士兵或合格的员工、合格的门店，只要能达到60分即可。60分达到合格后再通过训练达到优秀，达到卓越。所以，最重要的是60分，并不是一次就把它做到90分。比如，优衣库，要做店长，就抓住关键步骤，而不是全部。比如，改裤脚，这是必须掌握的标准，这叫核心技能。商品的陈列也非常重要。当然，最重要的是辅导技能。

每家公司的标准化实际上都不一样，因为商业的业态、产品、客户都不一样，所以要在这个地方进行改变，或者提炼出属于自己的内容。

那手册怎么来编写？光有标准还不够，还要重视训练、复制和督导。比如，麦当劳为什么能够开这么多家店？麦当劳老总和总裁都讲过，麦当劳就是要让平凡的人、普通的人一进来就能快速上手操作，其实就是傻瓜式的操作方法，让人快速地上手。每个地方都有标准和训练，员工手册和训练手册都非常完善。比如，地怎么扫，台子怎么抹，厕所怎么弄，客户来了怎么接待……这些都有标准。同时，还有流程，如薯条怎么炸，完全有标准。

肯德基也一样，选址。麦当劳和肯德基选址都是公开的，十字路口拐角、转角的地方，重要的中心地带、商业区等，都是他们选址的地方。这些企业都有运营手册、督导手册、门店选址手册。所以，成功的企业能将自己摸爬滚打的经验提炼出来，之后给所有的员工进行复制，不然做了很多也没有用。

张亮麻辣烫也刚升级了门店的管理手册和运营手册、岗位手册、产品手册，食品安全、收银、促销、外卖等这些手册都形成标准化。有了标准化后，就不害怕员工离职，也不害怕经验的流失。

实际上，每家企业经营到最后都是经营成功的知识体系，因为成功的知识体系能够让后来的员工减少摸索，能够快速地上手，减少训练的时间，比如，培养一个合格的店长或一个合格的员工，没有这些之前，可能靠师傅带徒弟，或者靠他自己摸索来成长，需要一个多月的时间；有了标准、流程后，可能只需要 10 天，就能够培养一个合格的人。

兼职的员工，能够快速地上手，这是连锁企业非常重要的。别人培养一个员工需要一个月，你培养员工只需要 15 天或 10 天时间，缩短员工的成长周期，降低培训成本，让员工能够快速上手，给门店带来持续的盈利，这就是标准化的好处。比如，顾家家居也有百问百答、新员工手册等，凡是成功的企业都有自己的标准，且都会把它提炼出来对员工进行大量的训练。巴奴火锅、真功夫，包括海底捞等，也有非常完善的训练手册、操作手册。如家酒店也有自己的标准手册，如加盟手册、服务手册、考核手册等。

一句话，凡是成功的企业都有自己的标准化体系，都有人才复制体系，有训练体系、督导体系，这些是连锁企业的一种标配。

门店标准化盈利复制，就是用一流的体系去复制三流的人才。

管理有一句名言：“时间花在哪里，结果就表现在哪里。”管理者天天自己做事，充其量是劳模。还是给企业搭建一套门店标准化复制，用体系的力量去扩张门店，用标准的力量去培养店长，用标准的力量去复制盈利。

案例分析：麦当劳

在员工守则中，详细规定了烹制时候的温度、时间、尺寸、重量等非常具体的事项。因为各种标准都被事先规定好了，具体如何操作已经非常明确，工作因此变得十分简便。

举个例子来看，如果员工守则只是规定说“等到肉的表面出现轻微的着色要求立刻翻到背面煎炸”，商品的质量就无法得到保证。因为对于着色的判断会因人而异，到了哪种程度才算是“着色”？包括其中的“轻微的”也会因为不同的操作人出现很大的差异。在麦当劳这些情况都不会发生。“肉煎炸 1 分钟 30 秒后翻至背面”，这样的规定在同样的外在环境下，就有可能生产出相同质量的汉堡包来。

在麦当劳，正因为有这样的“配置”，所有工作变得异常简便。比如，已经规定了最大的酱汁分量为 10 克，就开发出相应的工具；每按一次按钮，就流出来 10 克酱汁；每按一次按钮就流出来相应分量的酱汁的“配置”就应该被开发出来。

薯片的用盐量也是如此。确定好容器开口的大小，只摇动一次就可完成。这样的事情任何人都可以轻松完成。

如果你的公司也有了这样的“配置”，那你的标准就会很轻松地被员工执行。

麦当劳公司把“人才的商业化”当作企业最重要的理念之一。公司认为，正是人才支撑了企业的成长，这和提供给顾客的商品的质量同等重要。他们会把对人才的教育继续坚持下去。

想总部持续盈利要靠门店标准化，想单店持续盈利要靠店长标准化，想区域持续盈利要靠督导标准化，想大单连带成交要靠销售标准化。

十、连锁门店标准化手册编写方法

（一）标准化手册形成步骤

1. 梳理标准化模块

（1）明确目标。明确门店标准化手册编写的目的。

（2）梳理标准化模块。基于目标，梳理出门店运营中需要标准化的关键模块，如服务流程、产品陈列、员工行为规范、销售流程、清洁消毒流程、库存管理、收银流程等。

2. 制订计划并分工

（1）制订计划。根据梳理出的标准化模块，制定详细的时间表和阶段性目标，确保手册的编制工作有序进行。

（2）分工合作。谁执行，谁参与，根据团队成员的专业背景和技能，将编制任务分配给合适的成员，确保每个模块都有专人负责。

3. 拟定手册框架

（1）设计框架。根据梳理出的模块，设计手册的整体框架和结构，包括封面、目录、各个章节的标题和内容概述等。

（2）确定格式。确定手册的排版、字体、图片和图表的使用规范，确保门店标准化手册的易读性和美观性。

4. 编制研讨内容

（1）编制内容。各负责人根据分工，开始编制手册的具体内容，包括文字描述、流程图、图片示例等。

（2）组织研讨。定期召开团队会议，对编制的内容进行研讨和修改，确保内容的准确性和实用性。同时，可以邀请门店员工参与研讨，收集他们的意见和建议。

5. 检验优化成果

（1）内部试用。在门店标准化手册编制完成后，选择部分门店进行内部试用，收集员工的反馈和意见。

（2）检验与优化。根据试用反馈，对手册进行进一步的检验和优化，确保手册的实用性和可操作性。

（3）定稿与发布。经过多轮修改和优化后，确定最终门店标准化手册版本，并进行印刷或电子版发布。

（4）培训员工。组织门店员工进行门店标准化手册的培训，确保他们熟悉并掌握手册中的内容和要求。

（5）推广实施。在门店中全面推广实施标准化手册，确保所有员工都按照手册的要求进行工作，提高门店的整体运营水平。

（二）门店手册框架要点

1. 先做加法，再做减法

（1）加法阶段。

①广泛收集信息。从门店运营的各个方面收集信息，包括但不限于商品管理、门店管理、销售流程、服务流程、产品管理、员工行为、顾客互动、清洁消毒、财务管理等。

②初步整合。将收集到的信息按模块进行初步整合，形成手册的初步框架和内容。

（2）减法阶段。

①评估重要性。根据门店盈利运营的核心目标和实际需求，评估初步整合内容的重要性和必要性。比如，店长复制、销售复制、选址复制等哪

个影响门店业绩和扩张需求。

②精简内容。去除冗余、重复或次要的信息，确保手册内容简洁明了，重点突出。

2. 现存问题梳理

（1）问题识别。通过内部调查、员工反馈、顾客投诉等方式，识别门店运营中现存的问题和痛点。

（2）原因分析。对识别出的问题进行深入分析，找出根本原因。

（3）解决方案。针对每个问题，提出具体的解决方案，并在手册中明确相关的标准化操作或改进措施。

3. 重点内容确定

（1）核心流程。明确门店运营中的核心流程，如销售流程、店员辅导、数据分析、商品陈列、顾客接待、产品介绍、成交方法、售后服务等，确保这些流程在手册中得到详细阐述。

（2）关键控制点。识别每个核心流程中的关键控制点，这些点通常是影响流程效率和质量的关键因素。

（3）标准化操作。针对关键控制点，制定具体的标准化操作规范，确保员工在执行过程中能够遵循统一的标准。

4. 横向、纵向衔接

（1）横向衔接。

①部门协同。确保门店手册内容在各个部门之间具有协同性，避免部门间的操作冲突或重复。

②流程对接。明确各个流程之间的衔接点，早班晚班交接，确保流程之间的顺畅流转。

（2）纵向衔接。

①层级划分。根据门店的组织架构，将手册内容划分为不同层级，如店长层、员工层、督导层等，确保各层级员工能够理解和执行与自己相关

的内容。

②培训指导。针对不同层级的员工，制订相应的培训计划和指导材料，帮助他们更好地理解和应用手册内容。

（三）门店手册主要内容

1. 每日

除了每日的工作流程，还有晨会。会议也有标准化。首先流程，然后工具，什么叫表单？这就是表单，就是清晰化；流程、工具、表单，就是规范化。时间、主持人、内容、物资要求，都是有标准化的。标准晨会流程包括晨会启动、昨日回顾、成功案例分享、目标制定、策略培训，店务通知和激情展示，这是晨会的一个标准。

再看一个也是晨会，早会流程，时间、内容，就是连锁企业有不一样的东西，这个门店是夕会，夕会主持、营业、负责人，然后流程是什么样的，为什么会有流程？就是说用流程来管理，比如，早会有流程，晨会启动，昨日回顾，今天的任务目标。所以无论谁，每天都是这样子开会，昨天的业绩回顾，问题、成果、好坏；今天的目标，包括训练，或者培训，有好的东西分享，然后团队的陈列和展示。

流程就是保证，每个模块，最核心的模块都做到了，就不会漏掉，也会让每个人有收获，同时又简单，所以早会跟夕会的流程，早会控制在15分钟左右，夕会控制在10分钟左右。会议有时间的标准，有流程的标准，有内容的标准，确保谁来开这个会，或者去另外一家店都是一样的，都能得到满意的结果或得到想要的结果。

早会的核心，有三大目标：第一个叫士气，鼓舞士气，第二个叫分享方法，第三个叫制定目标，这三大目标是最重要的。早上主要是鼓舞士气，所以早上是没有批评，然后分享方法。第三个就是我们目标是怎么样的。同时要掌声响起来，笑声响起来、赞美声响起来。这就是结构化。

未来我们做标准化时，一定要明确这些核心的关键点，比如，三大目标、三声响起来、流程七步骤等，以及岗位职责、公司对店长的岗位三大期望……让员工或店长能够记得起来，比较简单，结构化、口诀化。所以标杆的门店就等于“好的氛围＋好的业绩”。早会是这样子的，鼓掌有标准，有些店长每天或每周开会的时候要讲一个笑话，这也是一种方式。比如，昨天有员工方法特别好，或业绩做得特别好，要给他拥抱，要跟他握手等，都是笑声、赞美声，要赞美他，这是门店早会。

2. 每周

店长每周的工作流程，要安排重点工作、库龄、存销比分析，然后周二、周三、周四、周五、周六都有标准的流程。

3. 每月

店长每个月做什么，1 号做什么，2 号做什么，1~5 号做什么，15 号做什么。1 号上报上个月的业绩目标，分析员工的销售排名，然后制定目标、分解目标，可能会开会，做目标分解。你的目标分解就来自 30 号，前天晚上你要做商品的检查整理，总结、复盘下个月的计划。如果有上司或督导，或者区域经理，就要让他们知道或收到你的计划表。

当然，要做出这个表格，重要的是根据时间点突出你的核心点。具体内容可能每家门店都不一样，但是有几条是规定好的，比如，1 号和 30 号或 15 号要做什么，这可能是公司的硬性规定，第一个开目标制定会，第二个开总结会，第三个开月度会议，剩下的再进行自由制定。如果有固定的商品进销存，也可以在这个地方做。

店长每日、每周、每月都有基本的工作流程和标准，就不容易迷惘。所以，用流程来确保工作的顺利推进，让店长有事情可做，用流程来确保工作的顺利推进，门店店长如果没有这些，会出现什么情况呢？店长要做很多事情，目标检查、目标制定、客户投诉、门店排班、畅销滞销、绩效考核、团队激励、商品陈列、活动促销、早会、中会、午会、夕会、竞品、门店业绩诊断、员工培训、激励、门店经营管理、销售辅导、店员招聘，店长很忙，很迷惘，最后很盲目。但有了这些流程后，就可以有条不紊地推进工作，完成业绩目标，达成公司业绩，且可以批量复制店长。

4. 核心技能

除了每日、每周、每月的工作目标以及岗位职责，还有很多核心技能，如会员系统、营销系统、促销活动等都很重要。比如，在瑞幸咖啡，设备很重要，因为很多设备都是进口的，维护不好，或不清洗好，一旦坏掉，零件需要从海外调回，起码要半个多月，如果总部也没有零配件，半个月都不止。每个门店都有两台机器，缺少一台，出品量和出品速度都会受到影响，客户等待的时间就会很长，满意度就不高。所以，咖啡机的维护和清洗非常重要。

虽然每家公司的门店不同，但制作流程标准的范式是相同的，先将标准做出来，就能低成本地差异化。所有的标准化都围绕客户、围绕业绩、围绕速度、围绕效率、围绕成本来做，而不是为了标准化而做标准化。所以，首先要看一下标准化有没有提高效率？有没有为客户提供更好的服务？有没有降低成本？

作为店长，要了解门店的这些指标：进店率，门店经过的人，有多少人进店；成交率，购买的比例，成交的客户数除以进店率；然后连带率，就是两单以上的。

5. 平效

平效，这个指标也很重要。公式为：平效 = 当日销售额 ÷ 商店面积。例如，一家商店当日营业额为 6 万元，店铺面积是 20 平方米，平效 = 60 000 ÷ 20=3 000 元，每平方米产生 3 000 元的效益。

未来做业绩 PK 的时候，就用得上，不然我们 PK 不过别人，为什么呢？算一下他的平效，门店面积大，总成本很高，他们是 400 平方米，我们只 200 平方米；他们是 30 个人，我们才 15 个人。我们人效比他高，通过这个公式可以计算出这个平效、人效，而不是只看总业绩。因为有时候只要计算出人效和平效，就可以测算出盈利水平和服务水平。

6. 投资回报周期

招加盟商时可以使用投资回报周期，包括同比、环比。同比，就是跟去年同期的业绩进行对比；环比，就是跟上个月进行对比。制定目标的时候，这些数据我们可能用得上，这里不重点讲这个内容。

（四）标杆店长知识体系和利润型店长的提炼和搭建

门店的销售流程如下：打招呼、开场白、情景，然后仪态及动作、语言、注意事项，店员拿到这些之后，很快就可以上手，且店长也可以很好地训练，很好地检查。第一，看一下他有没有打招呼，第二，他有没有做到眼到手到，第三，他有没有做引导顾客的体验……有标准、有训练、有考核，才是好的标准化。

什么叫考核？就是对方知道标准，我们也有指导标准，大家都认同这个标准，才可以进行考核。而不是说在没有标准的情况下，说员工“你怎么这么懒啊？我上次不是已经跟你讲过了吗，你应该这样子做，你应该这样跟客户说。客户来时，应该这样跟他开场白，你应该了解他的需求，你应该让客户有体验，你最后的时间影响连单，你应该推荐另外一个产品啊”！这样跟员工讲，根本就没用，要有相应的标准，包括语言标准，才能进行考核。凡是能考核的东西，大家才能共同进步，才能把服务做得更好，这些都是在标准化的设置和提炼中来做的。

举例：肯德基的标准化

第一，清洁工作。营业中的餐盘不应超出两席未收，桌椅摆放整齐，地面清洁，垃圾箱要保持清洁，满 3/4 之后要换袋子，餐厅外围的清洁 30 分钟清扫一次，小便池无迹，小垃圾袋 1/2 满要更换。擦桌子，先前后，后左右，再四周。扫地，先四周，后中央。拖地，呈八字形后退式。

第二，“三懂”“三会”。“三懂”，要懂生产中的不安全因素、懂消防措施、懂灭火器的使用。“三会”，即会报警、会使用各种消防器材、会扑救初起的火灾。标准化尽量不要超过9个步骤、10个步骤，基本上控制在7个步骤左右，内容太多，员工记不住，就没用。

第三，汉堡的制作标准。产品的规格，汉堡的直径10厘米，保质期0~4天，储存的温度为多少，生菜、汉堡、鸡腿肉、鸡胸肉多少克……都有数字标准，而不是“可能”“可以”“应该”“怎么样”。比如，生菜长5~8厘米，宽0.5~1厘米，保质期12小时，储存的温度是多少；汉堡700克，未开封的5个月，开封的要当天用完，第二天优先使用；储存时温度，鸡腿多少；保质期多少，储存的温度。

第四，三个场景。顾客进店1.5米时，应该跟客户对视，微笑点头示意；顾客到了前台后，应该立刻打招呼；顾客距离你0.5米时，要身体向前倾，问：“你好，请问有什么可以帮您的吗？”

第五，大厅的六要素。餐厅的外围清洁，打扫卫生分为几个模块：外围、餐桌、地面、工具间、洗手台、卫生间，每个地方要把重点写出来。比如，洗手台的重点，镜面、墙面、洗手液、台面、洗手盆，烘手机、地面，洗手间，门、气味、灯光、墙面、小便池、地面、大便池，通风口、卷纸、纸篓、冲水阀，卫生间的清洗，先冲一遍，再刷一遍，然后再喷一遍，然后再拖一遍，换一遍和擦一遍。拖地有拖地的方法，清洁有清洁的方法，按照这个标准做，就能做好，不用思考。未来就能按照这个规范做检查和评估卫生间怎么做？是不是先冲一遍，是不是先刷一遍。然后，大厅的工作顺序，先处理直接影响客户吃饭餐桌上的问题，再处理间接影响顾客的问题。比如，先处理桌面，再处理地面，大厅地面的清洁。先扫后拖，收餐盘四看，身体前倾45度，看哪里？看桌面、椅面、地面和墙面，看这四面脏不脏，乱不乱，这种内容可以考核。收餐桌有哪四面，或者哪四看？桌面、椅面、地面和墙面……要把这些做成标准。

垃圾处理。垃圾袋多于1/2时倒压，倒压后超过3/4就要更换垃圾袋。周一到周五，大厅应套3~4个垃圾袋，周六周日时应套6~7个。周一到周五垃圾袋套多少，周六周日垃圾袋应该套多少。卫生间每轮视察之后做卫生签字，你什么时间来了，什么时候打扫了，要签字，时间、姓名，确保你做了。

所以，扫地、拖地、卫生清洁桌面、卫生间，都有标准，就是说有标准才可以考核。

第六，顾客抱怨及处理。第一类抱怨，桌面不干净，包装不正确，产品质量有问题，服务态度冷淡。处理方法，专心倾听，表示关心，采取行动，使顾客满意。

第二类抱怨，食品污染、中毒，食品安全，这是突发事件，包括在第一类抱怨中未能使顾客满意的，要找值班经理解决问题。遇到什么问题，你的权限是多少，你能做到什么标准，做不到，怎么办？找谁来做，找谁来处理顾客抱怨。

第七，大厅巡视三次提醒客户财产。做大厅巡视，要提醒客户。第一次提醒，“这是公共场所，请看好您的财物”。第二次提醒，“先生您好，这是公共场所，依据我们以往的经验，包包放在这里可能会丢失，为了避免给您带来不好的用餐体验，请看好您的个人物品”。如果提醒了两次之后，客户依然这样，就告知值班经理，让值班经理出来处理。所以，这些都是有标准的，用标准来做。

那门店标准化应该怎样写呢？

第一，时间。如店长，几点钟，什么时候做什么，每日流程、每周流程。

第二，数量。即多少数量，来做什么事情。

第三，大小，即产品的大小、前后、内外，先做内部的事情，再做外部的事情。

第四，流程，即第一步做什么，第二步做什么，第三步做什么。

第五，权限。即我可以做什么，不可以做什么，遇到什么事情我找谁。

第六，奖惩。做好了，有什么奖励，没做好，有什么惩罚。

标准化写得清清楚楚、明明白白，而不是“可能”啊、做多少啊、你先做啊、你感觉怎么样。……标准化，要使用数据、数字，标明时间、地点、人物，写得清清楚楚，第一步是什么，第二步是什么，时间、标准是怎样的。比如，扫地，先扫后拖，桌子，先前后，再左右，最后四周。

连锁总部未来新“卷”法：“卷”，门店标准化强总部；“卷”，店长标准化创增长；“卷”，销售标准化提客单；“卷”，督导标准化强区域；“卷”，训练标准化造人才。

提升标准化，强连锁总部。让加盟商持续盈利，让加盟商多店经营。平静的大海培养不出优秀的水手，只有无能的水手，才会责怪海风。

为什么一定要建立门店标准化？看看职业进化论：“60 后”，不知道什么是辞职；“70 后”，不知道为什么要离职；“80 后”，收入更高我就离职；“90 后”，领导骂我就离职；“95 后”，干得不爽就离职；“00 后”，领导不听我话就离职。现在的员工都是：不好玩，就离职；不快乐，就离职。

第二章
门店选址标准化手册

选址正确，门店就成功 50%。

门店选址：根据公司战略选址；

门店选址：根据目标市场选址；

门店选址：根据目标客户选址；

门店选址：根据竞争策略选址；

门店选址：根据成本盈利选址。

李嘉诚说选址成功：第一是地段，第二是地段，第三还是地段。

一、门店选址标准化5步法

选对门店，轻松经营；选错门店，神仙都救不了。门店选址标准化 5 步法，如图 2-1 所示。

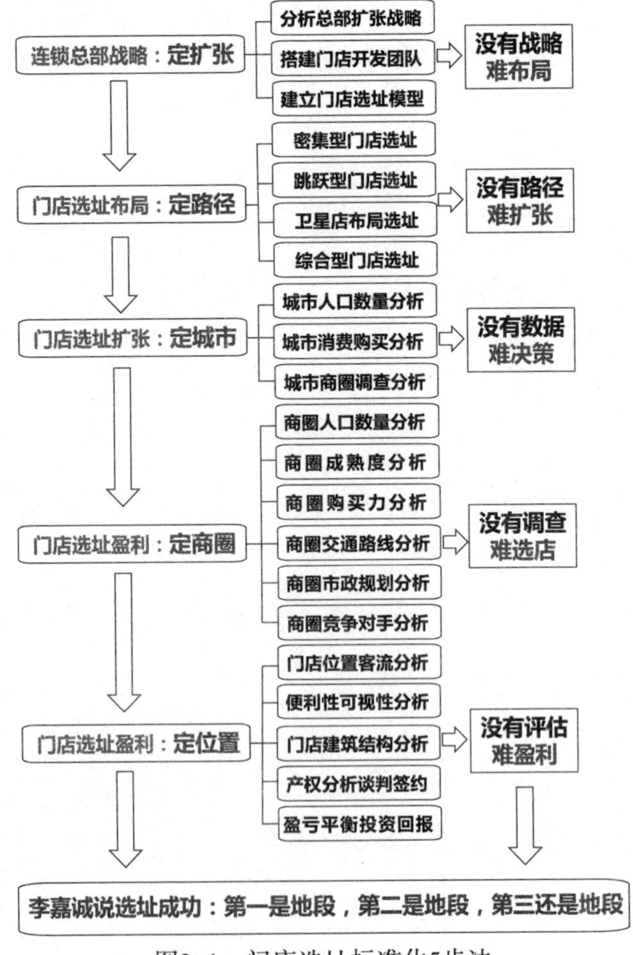

图2-1　门店选址标准化5步法

门店选址标准化 5 步法是一种系统性的方法，旨在帮助连锁总部制定科学的扩张战略，并通过标准化的流程来优化门店选址，从而提高门店的盈利能力和市场竞争力。

1. 连锁总部战略：定扩张

（1）分析总部扩张战略。明确连锁企业的战略目标、市场定位、品牌特色等。分析市场趋势、竞争对手情况，确定扩张的方向和节奏。

（2）搭建门店开发团队。组建专业的门店开发团队，包括市场调研、选址分析、商务谈判等人员。

（3）建立门店选址模型。基于市场调研和数据分析，建立门店选址模型，为选址决策提供科学依据。制定合理的扩张策略，如密集型扩张、跳跃型扩张等。

2. 门店选址布局：定路径

（1）密集型门店选址。在高人流、高消费的区域集中开设门店，形成规模效应和品牌效应，90% 连锁门店选择密集型选址。

（2）跳跃型门店选址。根据市场潜力和消费者行为分析，选择具有增长潜力的区域进行跳跃式布局，10% 连锁门店选择跳跃型选址（需要资本支撑）。

（3）卫星店布局选址。在核心商圈周边或次级商圈开设卫星店，以补充和延伸核心商圈的影响力。

（4）综合型门店选址。根据不同商圈的特点和消费者需求，灵活选择门店类型和定位，结合密集型、跳跃型和卫星店布局等多种选址方式，形成多元化的门店布局策略。

3. 门店选址扩张：定城市

（1）城市人口数量分析。分析目标城市的人口总数、人口密度、人口增长趋势等。

（2）城市消费购买分析。研究目标城市的消费水平、消费习惯、购买能力等。

（3）城市商圈调查分析。对目标城市的商圈进行全面调查，包括商圈类型、商圈规模、商圈成熟度等。

4. 门店选址盈利：定商圈

（1）商圈人口数量分析。分析商圈内的人口数量、人口密度、人口结构等。

（2）商圈成熟度分析。评估商圈的成熟度、品牌集聚度、商业氛围及未来发展潜力。

（3）商圈购买力分析。研究商圈内消费者的购买能力、消费习惯、购买偏好等。

（4）商圈交通路线分析。分析商圈内的交通状况，包括公共交通、道路布局、停车便利性等。

（5）商圈市政规划分析。了解商圈的市政规划，评估未来可能的变化对商圈的影响。

（6）商圈竞争对手分析。对商圈内的竞争对手进行调研，分析其数量、规模、经营状况、顾客评价等。

5. 门店选址盈利：定位置

（1）门店位置客流分析。分析门店位置的客流量、人流走向、停留时间等。

（2）便利性可视性分析。评估门店位置的便利性，包括顾客可达性、周边设施配套等。

（3）门店建筑结构分析。分析门店的建筑结构、空间规划、动线设计等，确保满足经营需求。

（4）产权分析谈判签约。对门店的产权进行清晰调查，确保无纠纷，并进行有效的谈判和签约。

（5）盈亏平衡投资回报。基于市场调研和数据分析，预测门店的营业额、毛利率、净利率等财务指标，计算盈亏平衡点和投资回报周期。

门店选址标准化 5 步法，对于连锁总部来说，是一个至关重要的战略决策过程，它涉及扩张计划、团队搭建、模型建立、选址布局、城市与商圈分析以及具体位置的选择等多个层面。

附：

表2-1　门店选址标准化技能重要性打分

手册名称	1分	2分	3分	4分	5分
门店拓展岗位职责					
门店拓展每日工作					
门店拓展每周工作					
门店拓展每月工作					
门店网点扩张规划					
连锁门店选址策略					
门店选址模型设计					
加盟店选址流程					
直营店选址流程					
商圈分析方法					
城市消费力分析					
门店竞争态势分析					
盈利门店选址策略					
目标城市门店选址					
目标门店选址评估					
目标门店盈利分析					
门店产权资料收集					
和业主拉锯战谈判					
签约续签注意事项					
门店设计装修流程					
门店开业促销活动					
门店选址宣言					

二、门店选址的9大陷阱

门店选址陷阱 1：台阶太多

没有台阶最好，一个台阶也可以，两个台阶要注意，三个台阶要考虑，四个台阶要慎重，五个台阶要放弃。

有台阶的门店一定要小心（小心：看客户行走路线，是不是唯一路线）。

（1）影响顾客进店意愿。

①费力感。台阶多意味着顾客需要花费更多的体力和时间才能进入门店，这会让部分顾客产生费力感，尤其是老人、小孩以及携带重物的顾客。

②距离感。台阶多也会让顾客产生距离感，觉得门店不够亲近和便捷，从而降低了进店的意愿。

（2）安全隐患。

跌倒风险。台阶多意味着跌倒的风险增加，下雨天特别危险，特别是对于老人和小孩来说，这可能会带来严重的安全隐患。

门店选址陷阱 2：死胡同

此路不通，即顾客引流障碍。

死胡同通常意味着道路的尽头，顾客在明知前方无路的情况下，往往会选择回头或换路行走。这种地理位置的特点导致门店难以吸引过往的客流，进而影响了门店的曝光率和知名度。

门店选址陷阱 3：文教区

你的盈利能力一定要能够支撑你度过暑假和寒假两个假期。

（1）客流量不稳定。文教区的客流量通常受到学校假期、考试周期等因素的影响，表现出较大的波动性。这种不稳定性可能对门店的经营造成不利影响。

（2）客户黏性低。文教区的客户黏性相对较低，学生和教职员工流动性较大。一旦他们离开文教区，门店可能会失去这部分客户群体。

（3）竞争激烈。由于文教区的学生和教职员工数量有限，而周边门店数量可能相对较多，因此竞争压力较大。如果门店没有独特的竞争优势，则很难在文教区立足。

门店选址陷阱 4：空巢小区

空巢小区，社区再高档，也没用（这就是为什么晚上要去看灯光、开灯率的原因）。

（1）人员流量不足。空巢小区由于入住率低，导致小区内的人员流量严重不足。门店的客流量是经营成功的关键之一，而空巢小区的人员流量无法满足门店的基本需求，这将直接影响门店的销售业绩和盈利能力。

（2）消费能力有限。即便空巢小区中有部分居民入住，他们的消费能力也可能相对有限。由于小区内缺乏足够的消费人群，门店可能难以形成稳定的客户群体，从而限制了门店的发展空间。

（3）运营成本高昂。尽管空巢小区的门店租金可能相对较低，但考虑到人员流量不足和商圈不成熟等因素，门店的运营成本可能会变得相对高昂。例如，为了吸引顾客，门店可能需要投入更多的资金进行宣传推广和营销活动，而这些投入可能无法得到相应的回报。

门店选址陷阱 5：看不见你

（1）招牌看不见的影响。

①曝光度低。门店的招牌被遮挡或难以被看见，门店的曝光度就会大大降低。顾客在寻找门店时可能会错过，导致客流量减少。

②顾客进店率下降。招牌是顾客识别和找到门店的重要标志。如果招牌不可见或难以识别，顾客可能无法准确找到门店的位置，从而导致进店率下降。

③品牌形象受损。难以被看见的招牌，可能会给顾客留下不专业或不被重视的印象，进而损害门店的品牌形象。

（2）可视度差的原因。

①建筑物遮挡。周围的建筑物或树木可能会遮挡门店的招牌，使其难以被看见。

②街道狭窄。在狭窄的街道上，门店的招牌可能会被对面的建筑物或车辆遮挡。

门店选址陷阱 6：门口距离

门口太宽，客户走不到店门口（餐饮可摆门口，不算）；太窄，客户留不住（过道 1.5 米以下）。因此，要根据自己的门店业态选址。

（1）门口太宽潜在问题。

①人流分散。门口过宽可能导致人流分散，顾客在宽阔的门口前可能会感到迷惘或不知所措，从而降低进入门店的意愿。

②难以形成有效客流。宽阔的门口虽然看起来气派，但如果不加以有效引导和利用，可能会使顾客流失，难以形成稳定的客流。

（2）门口太窄潜在问题。

①顾客进出不便。门口过窄会导致顾客进出不便，尤其是在高峰期，可能会造成拥堵和排队现象，影响顾客的购物体验。

②限制客流量。狭窄的门口会限制客流量，使门店难以容纳更多的顾客，从而影响销售业绩。

门店选址陷阱 7：全是转让

不是客流少了，大工厂客户搬迁，就是商圈发生了变化，或改造、拆迁，物业产权出问题，小心，小心，再小心！不要相信自己能够力挽狂澜，能力超强。

全是转让可能暗示的问题如下。

（1）客流量不足。如果某个区域的门店普遍转让，很可能是因为该区域的客流量不足。客流量是门店经营的关键因素之一，缺乏足够的客流量将导致门店销售业绩不佳，进而迫使店主选择转让。

（2）竞争激烈。在某些繁华地段，虽然客流量大，但竞争也可能异常激烈。如果门店无法在众多竞争者中脱颖而出，就可能面临经营困境，最终选择转让。

（3）**租金高昂**。高租金是许多门店转让的重要原因之一。如果某个区域的租金过高，而门店的经营收入无法覆盖租金成本，店主就会考虑转让门店以减轻负担。

（4）**环境不佳**。门店所在的环境对经营也有重要影响。如果周边环境脏乱差、治安状况不好或交通不便，就会降低顾客的到访意愿，从而影响门店的经营。

（5）**政策变化**。政府政策的变化也可能对门店经营产生影响。例如，城市规划调整、拆迁计划或环保要求提高等都可能导致门店无法继续经营而被迫转让。

门店选址陷阱 8：阴阳街道

南方夕照：夏天太阳太烈；北方西北风：冬天太冷；阴阳街道：一边没有人走。

①每条街道，总是有一侧人流量较大，另一侧相对较小。人员流量大的一侧可称为阳街，对侧称为阴街。人员流量的大小对店铺影响很大。②每一个城市都有至少一个商业中心，而朝向商业中心道的右侧大部分是阳街，对面则是阴街。

门店选址陷阱 9：水中店（草肚皮店）

草肚皮，也叫水中店，旁边的门店生意可以给人一种错觉：这几个门店也可以。其实，一直在转让。

草肚皮店的特点与风险如下。

（1）**位置劣势**。草肚皮店通常位于商业街的中间部分，相较于两端的店铺（金角、银边），其客流量较少，品牌曝光度也相对较低。

（2）**客流分散**。商业街的客流往往呈现出两端密集、中间稀疏的特点。因此，草肚皮店可能面临客流不足的问题，导致销售业绩不佳。

（3）**顾客购物体验下降**。顾客在商业街上长距离行走，其购物兴趣和体力可能逐渐下降。到达草肚皮店时，顾客可能已经感到疲惫或失去购物兴趣，从而降低了进店消费的意愿。

附：

表2-2　选址规范表（综合评估）

分类	内容	点数					加权	得分
		A	B	C	D	E		
现场情况	1. 商业形态（以店为中心半径1公里） A. 商业　B. 商办　C. 商住　D. 住宅区 E. 其他发展较弱区域	5	4	3	2	1	4	
	2. 主消费客户年龄层多数为 A. 25～40岁　B. 0～45岁　C. 20～35岁 D. 40岁以上　E. 20岁以下	5	4	3	2	1	1	
	3. 当地经济情况及消费能力/消费意识 A. 能力强，意识超前 B. 能力强，意识中 C. 能力一般，意识强　D. 能力一般，意识一般 E. 能力较弱，意识一般	5	4	3	2	1	5	
	4. 商圈发展潜力（未来性） A. 强　B. 尚佳　C. 平稳 D. 逐步走下坡　E. 迅速下滑	5	4	3	2	1	3	
	5. 高峰期行人流量（营业时间内每分钟/人） A. 40～60或以上　B. 20～40 C. 10～20　D. 5～10　E. 5以下	5	4	3	2	1	4	
	6. 交通情况（本地车流，过境车辆除外） A. 车流多，车速慢 B. 车流一般，车速慢 C. 车流多，车速快 D. 车流少 E. 无车流	5	4	3	2	1	3	
	7. 当地同行市场竞争情况 A. 竞争少，市场有序　B. 竞争多，市场有序 C. 竞争一般，市场秩序一般 D. 竞争多，市场无序　E. 竞争少，市场无序	5	4	3	2	1	3	
	8. 招牌条件（横招条件） A. 招牌视线广且无遮挡　B. 招牌视线一般且无遮挡 C. 招牌视线一般且部分遮挡　D. 招牌视线差但无遮挡　E. 招牌视线差且部分被遮挡	5	4	3	2	1	2	

续表

分类	内容	点数					加权	得分
		A	B	C	D	E		
现场情况	9. 当地广告资源及费用高低 A. 广告资源多，费用低　B. 广告资源少，费用低 C. 均一般　D. 广告资源多，费用高 E. 广告资源少，费用高	5	4	3	2	1	2	
	10. 年租金（如有转让费则按租赁年限平摊） A. 10万元以下 B. 10万～15万元 C. 15万～20万元 D. 20万～30万元 E. 30万元以上	5	4	3	2	1	3	
综合评比	□A级72分（含）以上　□B级65~71分 □C级58~64分　□D级52~57分　□E级52分以下							
主管核示		填表时间		填表人				

三、连锁门店选址的方法有哪些

门店选址 4 定位具体内容如下。

1. 客户定位

（1）目标客户群体。根据产品或服务定位，明确目标客户。例如，餐饮店可能吸引上班族、学生或家庭消费群体；零售店则可能根据产品定位吸引年轻人或社区居民。

（2）客户需求与偏好。

①深入了解目标客户的需求和偏好，包括产品功能、价格敏感度、购物习惯等。

②通过市场调研、问卷调查等方式收集客户反馈，不断优化产品和

服务。

（3）消费能力与购买意愿。分析目标客户的消费能力和购买意愿，确保门店的产品和服务符合其经济水平和消费观念。

（4）竞争对手分析。

①了解竞争对手的客户定位和产品特点，寻找差异化的竞争优势。

②避免与竞争对手直接竞争，选择相对独立或差异化的市场定位。

（5）市场细分与定位。

①将市场细分为不同的客户群体，并根据门店的资源和能力选择适合的目标市场。

②根据目标市场的特点和需求，制定个性化的产品和服务策略。

（简单一点说：客户年龄、爱好、客户在哪里出现、购买习惯、购买行为、购买决策、竞争对手等）

2. 门店定位

（1）门店选址。门店类型分类有：旗舰店，折扣店，标准店，店中店，品牌店，共建店，概念店，样板店，授权店，工厂店，培训店，体验店，战略店，会员店，仓储店，实验店，广告店，社区店。

（2）门店定位指导选址。准确的门店定位有助于确定选址的范围和标准。根据门店定位，选择符合经营方向和产品特点的地理位置。

3. 竞争定位

（1）竞争对手分析。

①识别并分析周边竞争对手的数量、规模、经营状况、产品特点、价格策略、服务特色等。

②评估竞争对手的市场占有率和品牌影响力，以及其对自身门店的潜在威胁。

（2）自身优势挖掘。

①分析自身门店的品牌优势、产品特色、服务质量、价格竞争力等。

②识别自身门店在地理位置、交通状况、周边环境等方面的独特优势。

（3）市场需求分析。

①深入了解目标市场的消费者需求、购买习惯、消费能力等关键信息。

②分析市场缺口和潜在机会，确定门店的经营方向和产品选择。

4. 互补定位

（1）业态互补。选择与周边业态能够形成互补关系的门店位置。例如，美食店可以选择与奶茶店相邻，以便消费者在选择美食的同时也能享受饮品；或者将书店与咖啡馆相结合，提供阅读和休闲的双重体验。

（2）功能互补。根据消费者的需求链，选择能够提供前后端服务或功能互补的门店位置。例如，将健身房与运动服饰店相邻，方便消费者在运动前后购买相关装备。

（3）时间互补。考虑不同业态在不同时间段的经营特点，选择能够形成时间互补的门店位置。例如，将夜市摊位与日间餐饮店相结合，以满足消费者在不同时间段的需求。

附：

表2-3　选址规范表（租赁条件）

<table>
<tr><td rowspan="5">基本资料</td><td>地　址</td><td colspan="3"></td><td>表单编号</td><td></td></tr>
<tr><td>所属区域</td><td></td><td>商圈类型</td><td></td><td>面　积</td><td>□单层 □双层</td></tr>
<tr><td>所有权人</td><td colspan="3"></td><td>洽谈对象</td><td></td></tr>
<tr><td>洽谈者身份</td><td></td><td>联系电话</td><td></td><td>签约人</td><td></td></tr>
<tr><td>使用情况</td><td colspan="3">□空屋　□正使用
租约于　年　月　日到期</td><td>可入驻时间</td><td>年　月　日</td></tr>
<tr><td rowspan="3">洽谈记录</td><td rowspan="3">1</td><td>时间</td><td colspan="4" rowspan="3"></td></tr>
<tr><td>方式</td></tr>
<tr><td>地点</td></tr>
</table>

续表

<table>
<tr><td rowspan="9">洽谈记录</td><td rowspan="3">2</td><td>时间</td><td colspan="5"></td></tr>
<tr><td>方式</td><td colspan="5"></td></tr>
<tr><td>地点</td><td colspan="5"></td></tr>
<tr><td rowspan="3">3</td><td>时间</td><td colspan="5"></td></tr>
<tr><td>方式</td><td colspan="5"></td></tr>
<tr><td>地点</td><td colspan="5"></td></tr>
<tr><td rowspan="3">4</td><td>时间</td><td colspan="5"></td></tr>
<tr><td>方式</td><td colspan="5"></td></tr>
<tr><td>地点</td><td colspan="5"></td></tr>
<tr><td rowspan="2">最终条件</td><td colspan="2">租金</td><td colspan="5"></td></tr>
<tr><td colspan="2">其他条件</td><td colspan="5"></td></tr>
<tr><td colspan="3">主管核示</td><td></td><td>填表人</td><td></td><td>填表时间</td><td></td></tr>
</table>

表2-4　选址规范表（现场情况）

<table>
<tr><td rowspan="7">现场情况</td><td rowspan="2">基本资料</td><td>地址</td><td colspan="5"></td><td colspan="2">表单编号</td><td colspan="3"></td></tr>
<tr><td>行政区域</td><td colspan="2"></td><td colspan="2">商圈类型</td><td></td><td colspan="2">变更使用</td><td colspan="3">□是　□否</td></tr>
<tr><td rowspan="2">建筑条件</td><td colspan="3">共　层楼
人行道宽:　　米
马路宽:　　米</td><td colspan="2">骑楼</td><td>□是
□否</td><td colspan="2">屋龄</td><td colspan="3">年</td></tr>
<tr><td>外观</td><td colspan="2">□新　□旧</td><td colspan="2">楼壁面</td><td colspan="6">□瓷砖　□水泥粉光　□金属　□石材
□其他</td></tr>
<tr><td rowspan="3">基础设施</td><td>水</td><td colspan="2">□自来水
□非自来水</td><td colspan="2">卫浴</td><td colspan="2">□原有 □可增加
□不可增加</td><td colspan="2">水费</td><td colspan="2">元/m³</td></tr>
<tr><td>电表</td><td>□独立
□分表</td><td colspan="2">电表功率</td><td colspan="2">□单相
□三相</td><td>最高负载</td><td colspan="2">千瓦</td><td>电费</td><td>元/度</td></tr>
<tr><td>电话</td><td>□有
□否</td><td colspan="2">宽带</td><td colspan="2">□有
□否</td><td>服务公司</td><td colspan="4">□电信 □网通
□铁通 □其他</td></tr>
</table>

续表

<table>
<tr><td rowspan="18">现场情况</td><td rowspan="4">一般条件</td><td>空调</td><td></td></tr>
<tr><td>天花板</td><td></td></tr>
<tr><td>地面</td><td></td></tr>
<tr><td>壁面</td><td></td></tr>
<tr><td rowspan="3">消防安全</td><td>防火</td><td></td></tr>
<tr><td>避难</td><td></td></tr>
<tr><td>逃生</td><td></td></tr>
<tr><td rowspan="4">招牌广告</td><td>横招尺寸</td><td></td></tr>
<tr><td>直招尺寸</td><td></td></tr>
<tr><td>骑楼尺寸</td><td></td></tr>
<tr><td>相关法规</td><td></td></tr>
<tr><td rowspan="4">店面情况</td><td>店面</td><td>□窄形　□宽形　□方形　□圆弧形
店面个数：　个，门店总宽度：　公分</td></tr>
<tr><td>阁楼</td><td>□无　□有　若有：□可拆　□不可拆</td></tr>
<tr><td>楼梯</td><td>□无　□有　若有：□可拆　□不可拆</td></tr>
<tr><td>室内</td><td>层高　公分　/最低梁下高　公分　/梁高　公分</td></tr>
<tr><td>资料收集</td><td colspan="2">提供:□相　片　张　□录影带　卷　□平面、管线图　张</td></tr>
<tr><td>特殊情况</td><td colspan="2"></td></tr>
<tr><td>现场平面图 1:100</td><td colspan="2">不够可另附纸张</td></tr>
</table>

主管核示		填表时间		填表人	

表2-5 选址规范表（门店房屋产权部分评估细则）

评估项目	项目分值	项目明细	明细分值	评分标准	标准分值	项目得分
产权证	50	产权证是否能提供原件	35	能够提供原件	35	
				因抵押等原因无法提供原件	10	
				无合理理由无法提供原件	0	
				在签约前无法提供原件，在签约后能提供原件	5	
		产权证地址与合同地址是否一致	5	完全一致	5	
				基本一致	3	
				不一致，但能解释清楚	2	
				不一致，且不能解释清楚	0	
		产权证面积与租赁面积是否一致	5	完全一致	5	
				基本一致	4	
				产权证面积略少于租赁面积	3	
				产权证面积明显少于租赁面积	0	
		产权证产权人名称与出租方名称是否一致	5	完全一致	5	
				有区别，但能解释清楚	4	
				有区别，并且不能解释清楚	0	
土地证	10	土地证是否能提供原件	4	能够提供原件	4	
				因抵押等原因无法提供原件	2	
				无合理理由无法提供原件	0	
				在签约前不能提供原件，在签约后能提供原件	1	
		土地证地址与合同地址是否一致	2	完全一致	2	
				基本一致	2	
				不一致，但能解释清楚	1	
				不一致，并且不能解释清楚	0	

续表

评估项目	项目分值	项目明细	明细分值	评分标准	标准分值	项目得分
土地证	10	土地证面积与租赁面积是否一致	2	完全一致	2	
				基本一致	2	
				土地证面积略少于租赁面积	1	
				土地证面积明显少于租赁面积	0	
		土地证所有权人名称与出租方名称是否一致	2	完全一致	2	
				有区别，但能解释清楚	1	
				有区别，并且不能解释清楚	0	
转租房屋	−10	有转租手续	−10	按我公司标准文本	0	
				未按我公司标准文本，但符合我公司要求	0	
				未按我公司标准文本，不符合我公司要求	−10	
		无转租手续	−10	无任何转租手续	−10	
			−5	无转租手续，但有其他相关材料证明可以转租	−5	
委托租赁	−10	有委托手续	−10	按我公司标准文本	0	
				未按我公司标准文本，不符合我公司要求	−10	
				未按我公司标准文本，但符合我公司要求	0	
委托租赁	−10	无委托手续	−10	无任何委托手续	−10	
			−5	无委托手续，但有其他相关材料证明可以租赁	−5	
建房手续	−10	有建房手续		建房手续齐全，能提供原件	0	
				有部分建房手续，能提供原件	−3	
				有部分建房手续，但仅能提供部分复印件	−7	
				建房手续不齐全，仅能提供部分复印件	−10	
		无建房手续		无建房手续	−10	

续表

评估项目	项目分值	项目明细	明细分值	评分标准	标准分值	项目得分
其他产权资料	-10	房管部门登记资料		能提供原件	0	
				不能提供原件	-10	
		租赁许可证		能提供原件	0	
				不能提供原件	-10	
出租方	-10	产权人是否为个人		为个人	-3	
				为非个人	0	
		产权人是否为共有产权		为共有产权	-3	
				为非共有产权	0	
		产权人是否为国有企业		为国有企业	-3	
				为非国有企业	0	
		出租方资信情况		资信良好，实力较强	0	
				资信一般，实力一般	-2	
				资信一般，实力较弱	-5	
				资信较差，实力较弱	-8	
				资信、实力有严重问题	-10	
				出租方濒临破产	-10	
租赁房屋	-10	承租区域是否独立	-3	独立	0	
				非独立	-3	
		是否房产开发项目	-10	全部未出售	0	
				部分已出售，但承租部分未出售	-5	
				部分已出售，承租部分也已有部分出售	-10	
		是否单一建筑	-5	是单一建筑	0	
				非单一建筑	-5	
		是否有原承租户	-5	有原承租户	-5	
				没有原承租户	0	

续表

<table>
<tr><th>评估项目</th><th>项目分值</th><th>项目明细</th><th>明细分值</th><th colspan="2">评分标准</th><th>标准分值</th><th>项目得分</th></tr>
<tr><td rowspan="7">抵押情况</td><td rowspan="7">–10</td><td rowspan="2">未被抵押</td><td rowspan="2">–3</td><td colspan="2">没有任何抵押记录</td><td>0</td><td rowspan="2"></td></tr>
<tr><td colspan="2">有抵押记录，但在承租前已撤销抵押</td><td>–3</td></tr>
<tr><td rowspan="5">已被抵押</td><td rowspan="5">–10</td><td colspan="2">抵押银行未提供材料</td><td>–10</td><td rowspan="5"></td></tr>
<tr><td colspan="2">已按我公司标准提供材料</td><td>–2</td></tr>
<tr><td rowspan="3">未按我公司标准提供材料</td><td>但提供的材料完全符合要求</td><td>–2</td></tr>
<tr><td>提供的材料基本符合要求</td><td>–5</td></tr>
<tr><td>提供的材料不符合要求</td><td>–10</td></tr>
</table>

四、如何进行商圈的调查和分析

何为商圈？如表 2–6 所示。

表2–6　商圈的定义

商圈名称	商圈代号	主要描述	聚客点	主要交通方式
市级商圈	A	全市所有的人都会光顾的商业区	各种零售商店，包括大型百货公司和高档专卖店，这些聚客点相对于全市其他地区，不论在数量上、规模及品质上均显得比较大，比较高	公交或地铁相当便利，通达全市各地，该商圈中心内还有主要街道等
区级商圈	B	全区所有的人都会光顾的商业区	一般会有中型百货公司及相当数量的零售商店	公交或地铁通达整个区
商业/居民区	C	商圈内有大量居民，并且有明显的零售行为，主要吸引附近居民	银行，邮电局及小型、中型零售店形成的零售商业街，为当地居民服务。有时偶尔会有大型超级市场或地方性百货公司存在于此区域内	公交路线相对较少，会有公交路线通向此区域内

续表

商圈名称	商圈代号	主要描述	聚客点	主要交通方式
居民区	D	商圈内有大量居民，但相对明显缺少商业行为	只有小型零售或生活基本必需品的供应商店（小型食品店，面包房和洗衣店等），有时偶尔会有大型超级市场或较小规模的百货商场存在于此区域内	基本较少，仅供居民进入
旅游区	T	商圈内有大型旅游点	聚客点以旅游景点为主：其他零售店仅需满足旅客需求	基本以旅游巴士为主，但也有公交
封闭商圈	X	商圈是一个相对独立存在的封闭区域（大型超级市场、机场、大型购物中心等）	封闭区域的本身就是主要聚客点	可能有特定线路
办公商圈	CBD	商圈内有大量的办公人口	以办公大楼为主，不一定有大型百货，但通常有一些配套的中高档服务专卖店、咖啡馆及便利店	交通相当便利，偶尔会有地铁直达
特殊商圈	S	商圈内的人流有高度的目的性	至少有一个聚客点吸引人流（大型的公园、博物馆、广场等）	与A商圈类似

案例分析：化妆品门店

周边店铺经营类型对该店铺的经营有重大影响，一般可分为互补店、互斥店及竞争店 3 种。若为互补店或竞争店，可依据其他条件进一步考察，若为互斥店则坚决不选。

1. 互补店

珠宝店、美发院、超级市场、百货公司、精品店、女鞋店、服装店、婚纱摄影店、美容、塑身沙龙、面包店等。

2. 互斥店

轮胎行、货运行、汽机车修理店、电脑维修等。

3. 竞争店

化妆品专营店、化妆品品牌专卖店等。

附：

表2-7　选址规范表（商圈及竞争条件）

<table>
<tr><td rowspan="4">基本情况</td><td>地　址</td><td colspan="3"></td><td>表单编号</td><td colspan="4"></td></tr>
<tr><td>所属区域</td><td></td><td>行政区域</td><td></td><td>商圈类型</td><td colspan="4"></td></tr>
<tr><td>人口情况</td><td colspan="8">行政区域：　　万人；城关：　　万人；城关辐射人口：　　万人；店辐射人口：　　万人（半径1公里内）；城关公务员：　　人</td></tr>
<tr><td>经济情况</td><td colspan="3">上年财政收入：　亿元；
公务员月均收入：　　元</td><td>地方支柱产业</td><td colspan="4"></td></tr>
<tr><td>租金情况</td><td>一流地段</td><td>元/平方米</td><td>二流地段</td><td>元/平方米</td><td>三流地段</td><td>元/平方米</td><td>四流地段</td><td>元/平方米</td></tr>
<tr><td rowspan="4">商圈资料</td><td>行人流量</td><td colspan="8">尖峰时段1：时至　时；时段2：时至　时　总平均：人/分钟，其中经店门口：人，其他　人
平常时刻1：时至　时；时刻2：　时至　时　总平均：人/分钟；其中经店门口：人，其他　人</td></tr>
<tr><td>车流量</td><td colspan="8">尖峰时段1：　时至　时；时段2：　时至　时　总平均：　车次/分钟；
其中公共汽车：　车次，其他　车次
平常时刻1：　时至　时；时刻2：　时至　时　总平均：　车次/分钟；
其中公共汽车：　车次，其他　车次</td></tr>
<tr><td>营业时间</td><td colspan="8">平时：　点　分至　点　分；周末/日　点　分至　点　分</td></tr>
<tr><td>道路条件</td><td>□双向线道
□单行道</td><td>摩托车自行车</td><td>□可停
□不可停</td><td>汽车停车处</td><td colspan="4">□门口可停　□可停车收费
□会拖吊
□附近停车处距离　　米　□无</td></tr>
</table>

续表

同行竞争资料	店名	商品定位描述	距离	面积	商业形态	营业人数	年营业额	竞争等级
图纸	商圈位置图（另附图纸）							
主管核实			填表时间		填表人			

表2-8　选址规范表（《商圈级别评分表》示例）

序号	一级要素	二级要素	打分标准
1	商圈人样	商业区、办公区等	办公区10分，商业区8分，其余区0分
2	成熟度	形成期，成长期，成熟期，衰退期	形成期3分，成长期5分，成熟期10分，衰退期1分
3	同业	竞争者数量	0家10分，2~5家5分，5家以上2分
4		竞争者的强大度	强大1分，一般5分，弱小8分
5	面积	半径	1000米之内5分，1000–2000米8分，2000米以上10分
6	内部客户互补型单位数量	政府机构	0家0分，2~5家5分，5家以上10分
7		企事业单位	0家0分，2~5家5分，5家以上10分
8		商超	0家0分，2~5家5分，5家以上10分
9		住宅	0家0分，2~5家5分，5家以上10分
10		公园	0家0分，2~5家5分，5家以上10分
11	人口	有效人口数	500人以下0分，501~1000人3分，1001~2000人6分，2001人以上10分
12		月收入	5000元以下0分，5001~10000元3分，10001~20000元6分，20001元以上10分

续表

序号	一级要素	二级要素	打分标准
13	人口	月可支配收入	1000元以下0分，1001~3000元3分，3001~6000元6分，6001元以上10分
14		人均本店消费额	50元以下0分，51~100元3分，101~200元6分，201元以上10分
15		到店的主要出行方式	步行10分，自行车7分，汽车8分，地铁、城铁2分
16		消费时间段	上午2分，中午和下午6分，晚上10分
17	交通	距离市中心位置	市中心10分，市中心与郊区之间5分，郊区2分
18		主干道	有通向本商圈的开口10分，距通向本商圈的开口较近5分，距通向本商圈的开口较远2分
19		人流量	5000人以下0分，5001~10000人3分，10001~20000人6分，20001~30000人8分，30000人以上10分
20		私家车流量	200辆以下0分，201~500辆3分，501~1000辆6分，1001辆以上10分
21	交通	公交车流量，出租车流量	50辆以下0分，51~100辆3分，101~500辆6分，501辆以上10分
22		机场、火车站、长途客车站	0家0分，2~5家5分，5家以上10分
23	房租	压几付几	压2付6的8分，压3付6的5分，压3付12的2分
24		每天每平方米的租金（元）	5元以下8分，5.1~8元7分，8.1~12元4分，12.1元以上0分
25		房租的每年增长率	5%以下8分，5.1%~8%的7分，8%以上0分
26	可视性	距离的可视性	30米可见3分，31~60米可见6分，61米以上可见9分
27		遮挡物	明显遮挡的0分，一般遮挡的4分，遮挡很小的8分
28	物流	供应商方便度	很方便10分，一般方便5分，不方便1分
29		顾客方便度	很方便10分，一般方便5分，不方便1分
30	未来	市政规划	无拆迁规划10分，5年后拆迁7分，4~2年后拆迁3分，1年后拆迁0分
	总计		

五、门店选址的网络布局4种战略

门店选址的网络布局 4 种战略分别是以下几方面。

1. 渗透模式（又叫密集型选址）

密集型选址是指连锁企业在一个区域内集中资源开店，将可能开设的门店数量尽量开完，再寻找另外的开店区域，以便充分挖掘该区域市场潜力，发挥资源整合优势，降低管理成本和后勤服务成本，增强宣传效果，以达到获取规模效益的目的。

密集型选址的具体操作方式有两种：①以一个城市作为目标，集中资源在该城市迅速铺开网点，形成压倒性阵势，吸引消费者的注意。这种网点布局战略对消费相对分散，像便利店、冷饮店、餐饮、蛋糕店等 95% 的连业态都合适。②在考虑网点布局时，先确定物流配送中心的地址，然后以配送中心的辐射范围为半径逐步扩张。这种方式更注重配送中心的服务能力，以求充分发挥配送潜力。配送中心的辐射范围一般以配送车辆每小时 60~80 公里的速度，在一个工作日（12 小时 /24 小时）内可以往返配送中心的距离来测算。

密集型选址的优势主要体现在：可以降低连锁企业的广告费用；可以增强形象上的相乘效果；节省人力、物力和财力，提高管理效率；可以提高商品的配送效益，保证及时送货；可以充分发挥配送潜力，减少总部的投资压力。

密集型选址的风险主要包括：①采取这一扩张模式，必须等待在一个区域开完计划的门店数量才进入另一个区域，也就是说，连锁企业要完成在全国的整体布点工作可能需要较长时间。②该模式是一个一个区域渐进开店，会让其他一些当前值得进入的区域或城市在等待中丧失了最佳机会，让竞争对手抢占有利地址。

2. 跳跃模式（又叫跳跃型选址）

这种模式，是用钱来跑马圈地，用钱来测试市场。一句话：有钱，才试得起。

跳跃模式，是指连锁企业在当前值得进入的地区或竞争程度相对较低的地区分别开设店铺，即看准一个地方开一家，成熟一家开一家，可以同时不断跳跃式地在各区域开店。

跳跃模式的优势主要有：可以抢先占领有较高价值的地点，取得先发优势；企业优先将门店开设在商业网点相对不足的地区，或竞争程度较低的地区，可以避开强大竞争对手，迅速站稳脚跟。

不过，采取跳跃模式的连锁企业需要充分考虑自己物流配送的能力；在发展初期难以有效整合企业资源，这些可能使连锁企业陷于战线过宽带来的陷阱；如果连锁企业没有相应的管理控制系统，容易出现一盘散沙状况，不利于树立连锁企业统一形象；跳跃模式对门店的管理人员要求较高，门店管理人员必须具备较高的能力素质，否则会延长门店经营的摸索期或亏损期。

3. 密集型选址 + 跳跃型选址

比如，在成都已经成功开了几百家门店，已经做到区域为王了，成都市场基本饱和了，就可以考虑往周边市场拓展门店。如果是做餐饮，就可以考虑往重庆、长沙、武汉等拓展。简言之，先建立根据地，再发展；即使有门店失败，也不影响大本营稳打稳扎，遇到风险立刻撤退。如此，老板就能稳坐钓鱼台，处于不败之地。

4. 卫星店布局

企业的门店是大面积，或者开店成本高，选址难。

要服务客户，或展示品牌，才会采用卫星型选址。

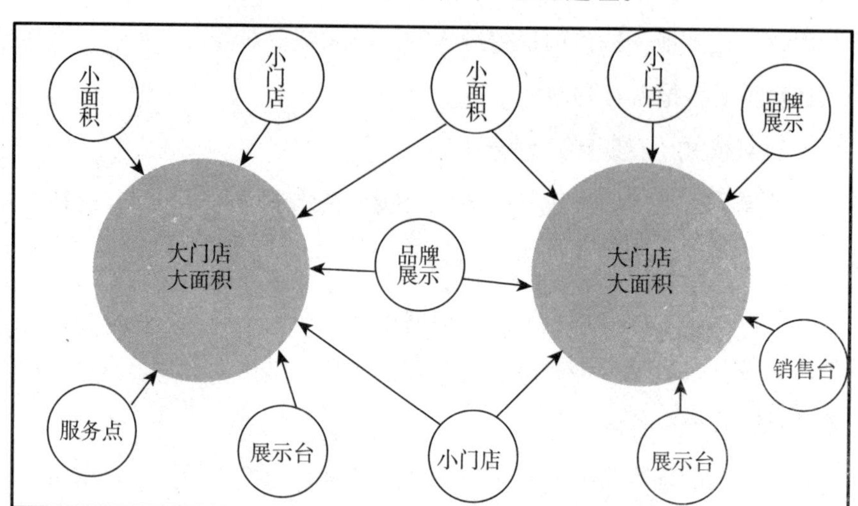

图2-2 卫星店布局示意图

案例 1：整形美容医美行业

在商业街开小店做品牌宣传和拦截客户，做销售。

案例 2：口腔牙科店

在超市出入口，摆一张桌子和易拉宝，免费检查牙齿。

案例 3：月子中心母婴护理行业

在购物中心开一个小店，介绍坐月子，月子中心服务。

案例 4：华润万家超市

不仅有大卖场，还有社区生活超市、便利超市，服务不同客户。

案例 5：麦当劳 / 肯德基

有购物中心大店，有社区店，公园店，草坪车店。

大店做服务，小店做体验；大店做利润，小店做引流；

大店做专业，小店做宣传。

门店小，成本低，服务快，宣品牌，抢市场，获客户。

餐饮案例

从外卖1.0时代到3.0时代

一开始，大家只是把外卖搬进餐厅，这是1.0时代。

后来发现，外卖场景更多的是单人餐、工作餐，堂食的餐品不太适配，于是开始改进厨房动线，上线外卖专属菜品和套餐，并且在堂食中舍弃一部分面积做外卖窗口，这是2.0时代。

这种模式在用餐高峰期，堂食和外卖会存在冲突。为了给消费者更好的体验，降低损耗成本，把外卖从堂食门店体系剥离，建了外膳专门店，这是外卖的3.0时代。

这种通过外卖辐射全域客流的品牌小店，在业内俗称“品牌卫星店”。这种品牌卫星店具有四大独特之处。

1. 无堂食，小门店。选址热门商圈的冷门位置，房租成本远低于堂食；

2. 单独菜单，主打工作餐场景的新消费；

3. 强调现炒，凸显质价比；

4. 轻资产投入，投产比高。

不在人员流动旺地布店、店型面积缩小，使房租成本大幅下降，让这种品牌卫星店更加轻盈。

与堂食剥离，具备投入少、回本快等经营优势。

传统的外卖模型，本质上是流量或者互联网销售模式，成本结构和运营模式与传统堂食存在较大差异，这种天然互搏，让一些店形成了“外卖做得越多，门店越亏”的尴尬境况。

但卫星店的模式出现，本质上就是将堂食与外卖剥离，因此盈利模式也计算得清清楚楚，对于品牌来说，堂食是堂食的盈利模式，外卖是外卖的盈利单元。

对比堂食业态，品牌卫星店在品牌、渠道、盈利、产品和经营方面具有5大特点。

（1）继承母品牌资产，消费者天然信任，可快速扩张品牌力；

（2）可选择“热门商圈冷门位置”，面积小，房租成本是堂食门店的十分之一；

（3）投资少，回本周期半年左右；

（4）无堂食，更少的SKU，更多的一人食套餐，降低生产成本；

（5）管理上、动线上、成本上与堂食都没有冲突。

总而言之，卫星店模式不仅让直营品牌在堂食和外卖博弈中寻求到一个平衡点，而且因其回本周期短，利润率高，在当前现金流普遍吃紧的环境下，是扩张阶段性价比极高的店型。

在战略构成上，大店堂食将主打品牌资产。几百平方米的堂食大店，有敞亮的门头，优质的服务体验，很快做大品牌影响力，这种大店堂食可选择优质商场，即在上升打标杆，占领心智高地。

而卫星店起到拱卫作用。一般先围绕旗舰标杆店周围密集铺开，再依次向外，扩大辐射影响半径，最终实现全域覆盖，在区域内也可对同类型品牌形成“围点打援”的战术。

而“大店堂食＋小店外卖”，两者的协同作战，最终可以帮助品牌，尤其是连锁品牌加速门店的扩张布局，尤其是后者，甚至只需要十几平方米当口，就可以把触角伸到消费者上班和社区住处，规模化效应可快速做大。

老乡鸡、海底捞等大牌争夺“卫星店”高地。

事实上，还有海底捞、老乡鸡、木屋烧烤等一批知名餐饮品牌，也已经布局“餐饮卫星店”来迎合当下全新的消费趋势。这些轻型、聚焦外卖的门店，以其较低的运营成本和灵活的效率模式，迅速成为餐饮企业增长的新引擎。

海底捞也针对“外卖”摸索出了自己的小店模型——“海底捞·下饭火锅菜”外卖专营店，从名字就可以看出，它不同于大多数的冒菜店只卖单一品类，火锅菜能涵盖更广。据悉，这一“卫星店”模型，是海底捞借助现有门店资源，在外卖平台上开出的“分身”，定位为海底捞旗下快餐品牌，通过火锅菜搭配饭的组合，用高频、低客单价的“快餐”模式挑战传统火锅。

品牌卫星店的店铺通常面积更小，选址位于外卖高客流区域，人力及房租成本低，回本周期快，能快速、高效扩大市场覆盖、增加品牌曝光度，并更贴近当下消费者用餐需求。

“餐饮卫星店”的设立，不仅解决了门店堂食和外卖之间的冲突，提高了外卖业务的接单效率，更在品牌推广、渠道拓宽、盈利模式创新和产品差异化经营等方面展现出独特的优势。

堂食大店与卫星小店，一个打品牌，一个做规模，两者协同作战，跑出一个餐饮扩张新模式。

李一环认为未来门店选址可以 3 种模式结合：

“密集型选址 + 卫星型选址 + 跳跃型选址”。

第三章

店长标准化手册

店长，将公司战略转化战术；店长，连锁标准化的实施者；店长，门店最前线的指挥官；店长，将商品转化公司利润；店长，解放门店老板的时间。

店长标准化复制：

店长岗位职责，店长工作流程，店长核心技能，店长每日工作；店员培训辅导，门店目标制定，门店会议管理，商品进销存管理。

如果连锁总部：

总是让店长努力，让店长勤快；不给店长方法，不给店长工作流程，是连锁总部和管理层在偷懒；没有店长标准化培训就给店长考核，是连锁总部自己有病；让店长吃药，让加盟商吃药，让督导吃药。

一、店长标准化复制5步法

（一）店长标准化复制 5 步法

店长标准化复制 5 步法如图 3–1 所示。

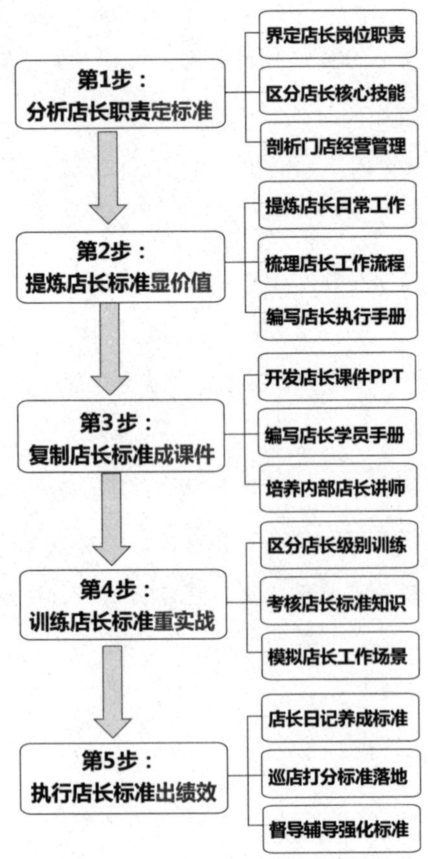

图3–1　店长标准化复制5步法

公司虽然喜欢忙碌的店长，但是公司和老板最看重的是能力和业绩。工作中看重的是效果，门店业绩，人才培养，贡献值才真正决定店长的价值与地位。仅仅看起来很忙，公司绝对不会重用这样的店长。

店长标准化复制 5 步法的流程包括以下几个步骤。

1. 店长标准化复制 5 步法：分析店长职责定标准

（1）界定店长岗位职责。明确列举出店长的各项职责，如店铺运营管理、人员管理、商品陈列、销售目标达成等。

（2）区分店长核心技能。剖析店长所需的核心技能，如团队管理、危机公关、商品分析、活动组织等。

（3）剖析门店经营管理。对门店的整体经营管理进行深入分析，了解门店运营的关键环节和要素。

2. 店长标准化复制 5 步法：提炼店长标准显价值

（1）提炼店长日常工作。基于店长的岗位职责和核心技能，提炼出店长日常的关键工作任务和流程。

（2）梳理店长工作流程。对店长的工作流程进行梳理和优化，确保流程的顺畅和高效。

（3）编写店长执行手册。将店长的职责、核心技能、工作流程等内容编写成执行手册，作为店长工作的指南。

3. 店长标准化复制 5 步法：复制店长标准成课件

（1）开发店长课件 PPT。将店长的标准和工作流程转化为可传授的课件，便于培训和传承。

（2）编写店长学员手册。为学员提供学习资料和指导，帮助他们更好地理解和掌握店长的标准。

（3）培养内部店长讲师。选拔和培养内部店长讲师，确保课件的有效传授和知识的传承。

4. 店长标准化复制 5 步法：训练店长标准重实战

（1）区分店长级别训练。根据店长的不同级别和岗位需求，进行有针对性的训练。

（2）考核店长标准知识。通过考核来检验店长对工作流程和标准的理解和掌握程度。

（3）模拟店长工作场景。通过模拟店长的工作场景，让店长在实战中学习和掌握工作流程和标准，提升实战能力和应变能力。

5. 店长标准化复制 5 步法：执行店长标准出绩效

（1）店长日记养成标准。要求店长记录工作情况和心得，便于自我反思和成长。

（2）巡店打分标准落地。实施巡店打分标准，对店长的工作进行量化评估，确保标准的有效执行。

（3）督导辅导强化标准。通过定期巡店、反馈和改进建议等方式，对店长进行督导和辅导，帮助他们持续改进和提升工作绩效。

通过这 5 个步骤的实施，可以有效提升门店的管理水平和盈利能力。店长标准化管理可以减少人为因素对门店运营的影响，提高工作效率和服务质量。同时，通过系统的培训和督导，确保每位店长都能熟练掌握标准化操作流程，提高门店的整体运营水平。

以人为本到以奋斗者为本；金牌店长到店长标准化复制；客户第一到打造客户为中心的组织；连锁扩张到门店标准化盈利复制；从喊口号到有流程、有步骤、能落地。

（二）店长标准化复制应该这样区分

1. 储备店长工作标准化

（1）职责重点。

①在初级店长的基础上，承担更多管理职责，如员工排班、绩效考核等。

②学习并熟悉门店销售策略和促销活动策划。

③辅助上级店长进行门店运营决策，提出改进建议。

（2）标准化要求。

①熟练掌握门店运营流程，能够独立承担门店日常运营工作。

②学习并运用销售策略，提升门店销售业绩。

③参与门店促销活动的策划和执行，提升品牌影响力。

④积极提出门店运营改进建议，为上级店长提供决策支持。

2. 初级店长工作标准化

（1）职责重点。

①熟练掌握门店日常运营流程，确保门店日常工作的顺利进行。

②负责商品陈列、库存管理、顾客服务等基本工作。

③协助上级店长进行团队建设、员工培训和绩效考核。

（2）标准化要求。

①制订并执行门店日常运营计划，确保门店各项工作按时、按质完成。

②熟练掌握商品管理知识，确保商品库存充足、陈列整齐。

③提供优质的顾客服务，解决顾客疑问，提升顾客满意度。

④积极参与团队建设活动，协助上级店长进行员工培训。

3. 标杆店长工作标准化

（1）职责重点。

①成为门店运营的标杆，带领团队实现销售业绩的持续提升。

②制定并执行门店销售策略，优化商品结构，提升盈利能力。

③负责门店团队建设，提升员工满意度和忠诚度。

（2）标准化要求。

①制定并执行门店销售策略，确保销售业绩稳步提升。

②持续优化商品结构，提升门店盈利能力。

③打造高效团队，提升员工满意度和忠诚度。

④积极分享门店运营经验，为其他店长提供指导和支持。

4. 中级店长工作标准化

（1）职责重点。

①在标杆店长的基础上，承担更多区域管理职责，如区域销售业绩分析、区域团队建设等。

②协调区域内各门店之间的合作与竞争，实现区域销售业绩的整体提升。

（2）标准化要求。

①熟练掌握区域销售业绩分析方法，制定并执行区域销售策略。

②协调区域内各门店之间的合作与竞争，实现销售业绩的整体提升。

③加强区域团队建设，提升区域员工满意度和忠诚度。

④关注市场动态，及时调整销售策略，应对市场变化。

5. 高级店长工作标准化

（1）职责重点。

①负责公司整体销售战略的制定与执行，推动公司销售业绩的持续增长。

②协调公司各门店之间的合作与竞争，实现公司整体销售业绩的提升。

③负责公司销售团队的建设与管理，提升公司整体销售能力。

（2）标准化要求。

①制定并执行公司整体销售战略，确保销售业绩持续增长。

②协调公司各门店之间的合作与竞争，实现销售业绩的整体提升。

③打造高效销售团队，提升公司整体销售能力。

④关注市场趋势，及时调整销售策略，应对市场变化。

⑤为公司高层提供决策支持，推动公司战略目标的实现。

（不同的公司，对店长有不同的定义和分级）

门店老板最痛苦的事情，不是高盈利门店的利润在减少，而是亏损门店的比例在增大，更头疼的是店长水平参差不齐，低效门店就成了企业生存的大敌。

案例分析：海底捞店长能力复制与进化的 1.0~N.0 版

海底捞的所有直营店店长都是自己培养的，这是人才复制的一个经典案例。接下来，我们来看看海底捞是如何实现人才复制的。

1. 从 0 到 1，做加法

通过对门店运营现状的详细分析，以及前瞻性地规划公司未来发展对专业能力的诉求，海底捞 1.0 版“店经理的业务与技能表”出炉了，涉及面很广，内容很杂且非常具体。

表3-1　海底捞 1.0版“店经理的业务与技能表”

店经理应具备的业务能力	具体技能
运营的基本能力	怎样做好餐前、餐中、餐后的工作，如何由顾客满意到顾客感动，如何把握标准化服务和个性化服务，怎样做好内部的天鹅行动，如何发现经营中的问题，如何做月末的盘点，食品安全工作如何严防死守，如何做到与采购、物流部门无缝对接，如何处理顾客投诉，如何进行财务报表分析等
带队伍的基本能力	如何培训新员工，如何培养身边的骨干，如何定工资、发分红和发工资，如何合理安排员工休假，如何评选先进个人及先进小组，如何处理员工的投诉等
沟通能力	如何与物业打交道，如何与执法部门打交道，如何与邻居打交道等
制度执行能力	对文件制度的理解与掌握，包括人事制度、财务制度、行政制度
创新能力	如何创新及应用创新
信息化能力	如何运用信息化手段提高工作效率

2. 从 1 到 N，做减法

海底捞的店长能力复制在掌握基本技能的基础上聚焦于 3 个角色的培养。

表 3-2　3个角色的培养

店长的3个角色	培养要点
餐厅生意运营者	有理念：生意人要懂得“舍与得”和“买与卖” 懂菜品：对菜品高度熟悉 懂顾客：洞察顾客的需求 善营销：人人都是经营者 强执行：24小时复命制、首问责任制 能创新：常规化+个性化服务
门店团队建设者	塑文化：打造“简单、阳光、务实”的团队文化 定目标：制定共同目标并使整个团队高效协作 立规则：制定公平公正的团队规则 牵头做：身先士卒，以身作则 能教导：通过传帮带，帮助团队成员成长
企业文化传承者	做榜样：认同并践行海底捞的企业文化 讲故事：主动分享海底捞的企业文化和故事 会帮扶：关心关怀员工，并帮助员工达成目标 能传播：维护好与顾客、邻里及政府部门的关系，传播海底捞价值观

3. 服务员也可以培养成 CEO

在海底捞，不仅店长是企业自己培养的，运营体系中的高管也几乎都是从基层成长起来的。

2022 年 3 月 1 日，海底捞发布管理层人事任命公告，宣布杨利娟调任 CEO。杨利娟原本只是一个普通的服务员，张勇到底用了什么灵丹妙药，竟然能把一个服务员培养成上市公司的 CEO？诚然，杨利娟的成功与她的天赋、努力和付出是分不开的，但张勇在培养这批干部时的很多做法也功不可没。

（1）提要求。服务员出身的管理人员受教育程度普遍不高，为了让他们掌握并驾驭现代企业运作的相关技能，张勇给大家提出了一些颇有难度的要求，比如要求他们掌握财务知识、计算机技能，以及走向海外须具备的外语口语能力等。

（2）教方法。以提升沟通能力为例，海底捞会具体地教他们对外有哪些沟通（与物业的沟通、与执法部门的沟通、与邻居的沟通等），对内有哪些沟通（与上级的沟通、与下级的沟通、与职能部门的沟通、与主动离职员工的沟通、与被动离职员工的沟通等），以及每类沟通的详细要点是什么。

（3）敢容错。在容错文化的倡导下，海底捞管理人员“重过轻功”的意识比较强，不仅容许员工犯错，而且愿意在员工犯错时主动承担责任。

（4）借外力。在海底捞成长与发展的过程中，无论是人才、资源还是技术，张勇都本着“不为所有，但为所用”的原则。尤其是在人才发展方面，员工能全职最好，若不能全职兼职也无妨。

（5）给资源。早期张勇让经理们主动交朋友请客，内心把这笔费用归为“培训费”；为了让杨利娟等 1000 人学管理、广交友见世面，张勇为他们付全价学费让他们旁听北大、人大等名校的 MBA、EMBA 课程。

（6）搭班子。服务员出身且受教育程度低的管理人员尽管实践经验非常丰富，但客观上存在先天的不足，把短板全弥补上显然不现实，也没有必要扬长避短，配以能互补的秘书即可事半功倍。比如：给杨利娟及其他服务员出身的管理人员配置秘书，这样的二合一组合便是“搭班子”的一种形式。

4. 冲 A 脱 C

海底捞的门店复制内部有一个名字——“冲 A 脱 C”。冲 A 成功后，门店就可以进行复制了，即开新店。冲 A 的标准就是需要复制的要素。而脱 C 是为了让门店保持激情，努力早日冲 A。

每个月小区经理必须向分管绩效的副总推荐本区域内综合指标排名第一的门店参与冲 A 竞选排名，若本小区在上月的冲 A 赛跑中排名前三，则必须向分管绩效的副总推荐本区域综合指标排名前二的门店。

冲A赛跑门店的排名方式有：①门店入围，即绩效小组对当月参与冲A赛跑的门店现场工作进行复核，并将得分进行排名，排名前五的门店入围。②入围门店排名，首先考核5个维度并给出得分，然后根据相应的权重进行加权计算，最后按照综合得分进行排序。

表3-3 项目评比表

编号	项目	项目评比细则
1	当月门店现场工作	绩效小组按照店经理现场考核 A、B、C级店的标准对赛跑门店的现场工作进行考核，得出门店现场复核总分
2	两套班子	（1）两套班子的选拔情况（重点是影响公平、公正，并无法弥补的案例）；违反制度，但是后期可弥补的案例。 （2）后备店长到财务部、信息部轮岗的理论考试成绩
3	店经理月度评比	评比前12个月店经理。 在本小区月度排名在前23的次数占总评比次数的比例
4	店经理获得A级现场的次数	评比前12个月店经理。 获得A级现场的次数占总评比次数的比例
5	附加分：冲A店经理到绩效小组轮岗	门店投票选拔出后备店经理后，该店经理自愿选择到绩效小组进行为期2个月的脱产轮岗备店经理管理。 轮岗期间，门店由后备店经理管理。 分管副总对该店经理每个月的轮岗情况按照店经理的绩效考核标准进行打分

门店投票选拔出后备店经理后，该店经理自愿选择到绩效小组进行为期2个月的脱产轮岗。①轮岗期间，门店由后备店经理管理。②分管副总对该店经理每个月的轮岗情况按照店经理的绩效考核标准进行打分。总分排名前五的门店冲A成功，并同时获得拓店或接店资格。

对于冲A成功并获得拓店资格的门店，海底捞会为其组织庆祝会，举行颁奖典礼。在此过程中全程录像，参会的管理人员一律着海底捞礼服。

5. 小组考核

海底捞对小组进行级别评定的规则设计，把评价员工、带训员工的工作分解到一个个小的组织单元里，激活每个基层组织的活力，真正调动全员参与管理，实现去中心化的管理思想。

每个月由总经理向各小区下达小组级别的配额，如果有异议，则小区经理可以申请仲裁，并根据仲裁结果向总经理索要小组级别配额。其中A级不超过30%，C级不超过20%，其余为B级。

海底捞的绩效小组会对全公司的小组进行级别评定，并将各小组的得分进行排名。名次排在各小区前30%的为A级小组，排在后20%的为C级小组，其余的为B级小组。

如果门店对绩效小组的评定结果有异议，可以申请仲裁。但是每个门店每年申请仲裁的次数不能超过2次；若超过2次，则剥夺半年内的仲裁资格。

6. 店经理的选拔

在店经理选拔上，海底捞下了很大功夫，要用科学的方法培养并选拔出合格的店经理。比如，门店干部成长路径为：领班要晋升见习值班经理，其所在小组须在冲A成功后轮岗，并轮岗合格。见习值班经理晋升值班经理，要求见习值班经理掌握值班经理岗位的相关制度、流程，并在线考试合格；由门店组织民意测评，并获得70%员工的同意……

选拔一个店经理流程比较多，制度要求也比较细，整个流程下来，培养一个店经理需要几年时间。虽然很多店经理学历不高，但经过这样的训练，通过层层考核，店经理的个人能力与知识储备都会大大提升。

附：店长标准化技能重要性打分

表3-4 店长标准化技能重要性打分

手册名称	1分	2分	3分	4分	5分
店长岗位职责					
店长每日工作流程					
店长每月工作流程					
店长目标计划制订					
连锁总部政策执行					
门店业绩诊断方法					
门店盈利公式设计					
店长角色认知					
店长招聘技巧					
店长团队打造					
店长晋升设计					
店长KPI考核					
商品进销存管理					
门店运营管理方法					
促销活动设计					
店长宣言					
店长培训技能					
门店会议管理					
门店团队激励					
店员辅导带教技能					
商品畅销滞销分析					
门店标准化检查					
企业文化传承					

二、店长宣言

（一）店长宣言

我就是门店的老板，我对门店的利润负责。门店是客户解决需求的场地，门店是店员自我修炼的场地，门店是公司利润增长的场地，门店是店长施展才华的战场。我为有机会服务客户而感到荣幸，我为能辅导店员成功而感到高兴，我能为公司创造利润而感到自豪，我能为实现自我梦想而感到力量。我的标准是协助客户成功而成功，我的成功是帮助店员成功而成功，我的职业是经营门店成功而成功，我的人生是为他人创造价值而成功。我不迷恋昨天，因为我有伟大梦想；我不恐惧未来，因为我有方法策略；我绝不落泪，因为我不需要可怜；我渴望成功，但我绝对不会乞求；我拒绝失败，所以我奋斗不止。

（二）重新定义门店

老板与员工不再是雇佣关系，而是合作关系。

店长与店员不再是上下级关系，而是赋能关系。

门店与客户不再是买卖关系，而是邻里关系。

员工与客户不再是销售关系，而是帮助客户节约时间，协助客户决策购买最合适的产品，并有温度的维护关系。

（三）店长转变思维：要做创业者

不要羡慕谁拿了投资、谁已经做老板了，其实店长已经是创业者了，已经拿到了风险投资，老板就是你的风险投资，店长就是创业者，店员就是你的合伙人，后勤部门就是你的供应链。

老板：风险投资
店长：创业者
店员：合伙人
后勤部：供应链

如果你认为自己还是一个打工者，就可以翻开你的通信录看一看，谁愿意投资 100 万元给你开店，然后还给你发工资，盈亏风险让你通信录的人承担，看他愿不愿意。晚上躲在被窝里打开自己的通信录，一个个地看，谁这么大胆和这么信任你？

除了你的老板，还有谁？还有谁？还有谁？

店长你已经拿到了风险投资，只要改变思维，做创业者，所有的方法、技能、资源都会源源不断来到你的身边。相信自己！

很多人经历了人生起起伏伏，却始终没有领悟到重要的道理。无论你从事什么工作，都要看成人生最后一份工作，在你职业生涯中的每一天，你都要把工作干到最好，激发自己的潜能，让人感觉满意到超乎想象，让自己满意，让自己身心愉悦。

店长在前，开店在后；标准在前，检查在后；训练在前，考核在后；督导在前，奖惩在后；盈利在前，扩张在后。

案例分析：优衣库

企业团队就是一支军队，将军是军队打胜仗的关键，店长标准化是门店盈利的关键。

柳井最关注的就是与顾客直接接触的店铺销售现场，以及负责管理店铺各项工作的店长一职。他总是直言不讳地说：“主角是店铺，总部是负责后勤的。所以店铺与店长的地位，应该要比总部高。"

优衣库在第一停滞期时就是依靠"从总部主导切换至店铺主导"的经营结构改革度过了困难时期。现在，让我们换个角度，从更具普遍意义的视角分析一下优衣库的做法。

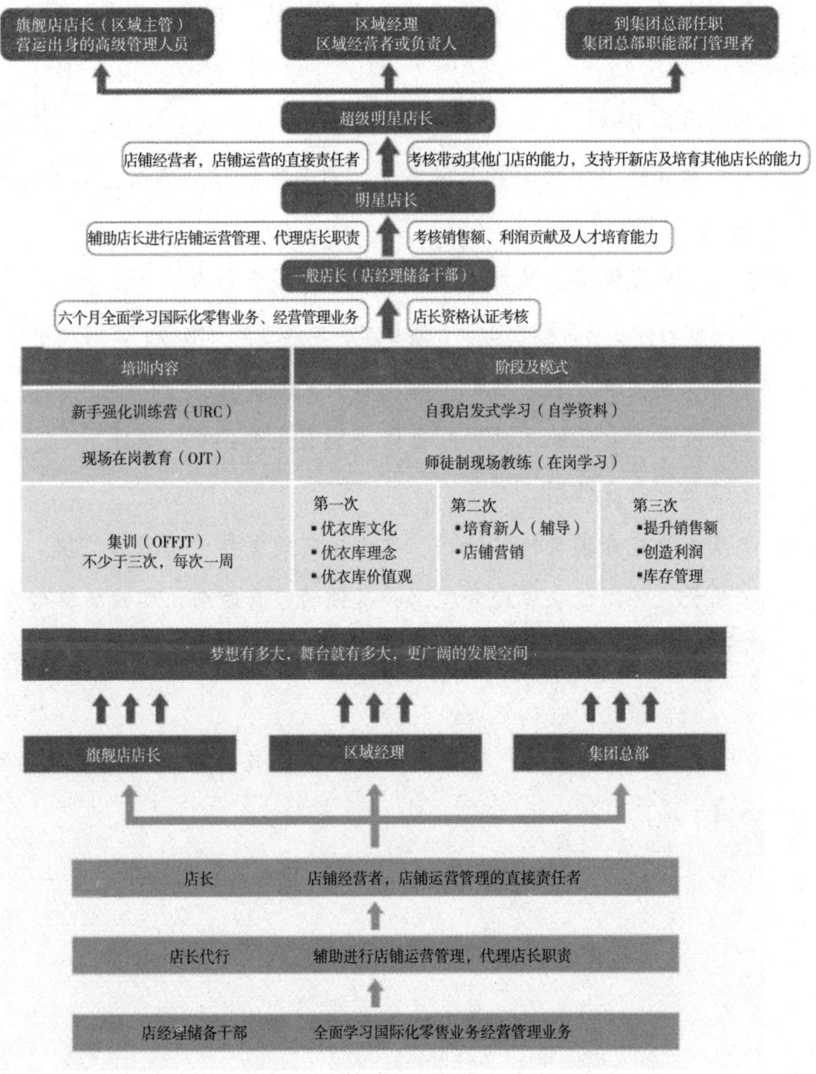

图3-2　优衣库干部成长路径

"总部决定，分店服从"的连锁店指望不上优秀人才，这种企业的评价标准就只是“有没有按照《工作指南》去做”。因此，连锁店的销售现场产生了不满——“分店和我们只是单纯的销售机器吗？”而且在墨守成规的连锁店中，还会产生总部中央集权体制的最大弊端——“大企业病”与“官僚化”，而零售业最为讲究的“应变力”与“灵活性”也会遭到埋没。优衣库察觉到了这种危险，并将潜伏在连锁店中的“不满”扼杀在了摇篮之中。

优衣库店长10诫。

（1）店长应致力于提高客户满意度、商品陈列的准确度，创造没有漏洞的卖场。

（2）店长应发挥服务精神，为眼前的顾客竭尽全力。

（3）店长的标准与目标应高于普通员工，工作方向要准确，工作质量要高。

（4）店长要奖惩分明，对部下的成长和未来负责。

（5）店长应对自己的工作充分自信，拥有几近异常的热忱。

（6）店长应以身作则。

（7）店长要充分思考销售计划，在卖场实现差异化与附加价值。

（8）店长应赞同优衣库经营理念和迅销的经营理念，实践集体经营。

（9）店长应在真正好的店铺销售真正好的服装，提高收益，为社会作出贡献。

（10）店长应保持谦虚，对自己怀有期望，成为在任何岗位都能迅速适应的人才。

三、无店长，不扩张

店长的重要性

1. 店长：将公司战略转化为战术

连锁总部的新产品上市战略，VIP 客服开发与维护，促销活动执行都需要店长，做目标分解。

2. 店长：连锁标准化的实施者

商品陈列的标准，客户接待流程，卫生打扫，POP，门店运营管理标准化都要店长去实施。

3. 店长：门店最前线的指挥官

和客户接触最近，最了解客户，最了解市场，最了解店员，要让听得见炮声的人来指挥炮火。

4. 店长：将商品转化为公司利润

分析商品进销存，畅销滞销，客单价，连带率分析，做商品组织，调整陈列，做店员培训辅导。

5. 店长：解放门店老板的时间

店长强则门店强，否则就出现店长弱，老板上，业绩差，老板忧，老板天天做店长事情。

案例分析：麦当劳

值班后

- 我需要向下一个班次的值班经理沟通哪些事项？
- 我对今天的哪些工作比较满意？
- 在下一次值班时，我应如何加以改进？
- ＊ 在下一次值班时，我应如何做好准备？

值班前

- 我做好心理准备了吗？
- 在进行值班前检查时，我听到、看到、闻到和品尝了什么？
- 是否已经在人员、设备和产品方面做好了值班前的准备工作？
- 在前一个班次中是否存在需要引起注意的问题？
- 我是否知道我的值班目标？

值班管理

- ＊ 我应如何达到QSC&V的标准和顾客的期望？
- 我应如何通过他人完成工作，以及如何提供和接受回馈？
- 我应如何解决问题？
- 我应如何确保班次的安全？
- 我应如何处理顾客回馈（表扬、问询和投诉）？

值班前的程序	值班管理的程序	值班后的程序
		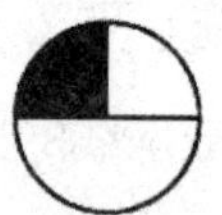
1. 我是否完成了值班前检查表？	1. 我是否按照正确的程序训练员工？	1. 我们今天的工作完成得如何？
2. 是否有人请了病假？	2. 我是否激励了员工士气？	2. 我是否在繁忙时段过后与资深经理或员工一起继续工作？
3. 是否有足够的存货供我值班期间使用？	3. 我是否给予了正面认知和回馈？	3. 明天怎样才能做得更好？
4. 是否在我的班次分配了清洁工作？	4. 我在值班期间是否保持了正确的岗位安排？	4. 我值班时进行的训练是不是高水准的？
5. 是否有我需要完成的PM工作？	5. 是否对新员工进行了正确的训练？	5. 我们是否按照我们的期望为下个班次做好了餐厅准备工作（人员、设备和产品）？
6. 是否安排好了休息时间？	6. 是否安排好员工休息时间？	6. 我如何改变才能改善值班成效？
7. 是否制定了值班目标？	7. 午餐期间是否没有安排员工休息？	7. 我们是否达成了目标？
8. 是否浏览过本班次的训练班表和训练？	8. 是否与顾客交流？	8. 我们是否完成了有关清洁和PM的工作？
	9. 清洁工作完成得怎样？	9. 我是否将未完成的清洁和PM的工作安排在下一个班次
	10. 怎样才能实现我的值班目标？	

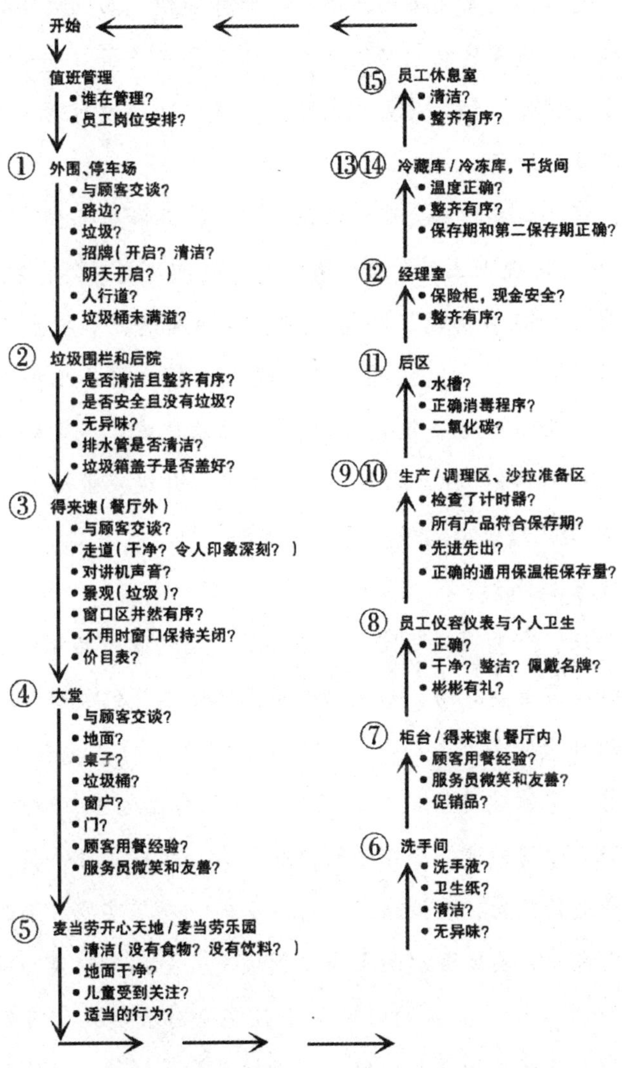

图3-3　麦当劳店长的值班工作及巡查路线

案例分析：华为

1. 督导大比武

A省地处西部，其交通闭塞，经济欠发达，华为在当地的手机销售生意潜力有限，且当地的培训力量十分薄弱，而华为总部的培训课程覆盖更是远水解不了近渴。80名零售督导是华为在该省手机零售业务的中坚力量，但他们新老掺杂，素质参差不齐，怎么才能快速而贴近实战地对他们进行培养训练呢？省零售经理经过盘算，干脆横下一条心——材料统一下发，给时间自学转化，搞督导大比武吧。于是，一场没有老师教、基本靠自学的疯狂学习开始了。

两周后，督导全部到省会城市集结，针对产品和服务知识竞答、销售情景演练POP现场挑战三个考验环节，大家分组进行比赛，决出冠、亚、季军。台下考核的评委由省级公司主管、经销商老板和操盘手及资深店长组成。这既是比拼，也是荣誉。现场硝烟四起，督导几乎没花一分钱上课，但他们结束时纷纷竖起大拇指说："这次比武，我们的学习长进很大！"A省省级公司将这种大比武形式不断迭代升级，带动A省的相关业务在2019年的同比增长率远超全国平均水平。

2. 接管门店3小时

2018年年底，华为正式决定加快全品类、全场景产品拓展。全品类销售破局，体验店是重要战场，店长助理成为承上启下的关键人群。华大与华为零售培训部大胆创新，设计了"接管门店3小时"的全真实战演练。每个小组接管一家真实体验门店，门店原有人员在这3小时里完全撤场，顾客接待和经营业绩由演练小组全面接手负责。然后，整个集训针对门店全真实战场景进行改良，实战演练准备3小时、在店实战3小时、实战复盘4小时依次排开。实战围绕两大核心模块——全品类销售和提升服务体验。课堂学习只占集训30%的时间，而且完全对准实战。门店是最佳实战场景，消费者是最佳的真实挑战，当堂结果是最好的学习检验。事后统计，99%的学员认为实战演练环节收获最大，且在店实战对比上周同时段实现50%以上的台量增长和54%以上的搭售率提升。

3. 对准业务搞训练

在华为自己的团队推开后，项目组下一阶段的赋能重点转向渠道合作伙伴。B 省的渠道老板虽然知道全品类销售的战略意义，但是由于手机比较好卖，销售团队有惯性，加上大家对新上的 AI 音箱、摄像头、台灯、手环等产品不知道该如何销售，因此只是疲于应付，这严重地拖了 B 省的业务后腿。B 省的业务总经理对赋能项目小组放手一搏的想法表示非常支持。

于是，项目组精心挑选了一批真心实意做全产品的合作伙伴，对他们进行全员“洗脑”和目标设定。之后再对他们开展赋能，让他们针对陈列露出、封闭特卖会、上门安装等典型场景进行了扎实的模拟演练。紧接着项目组安排了 1 元体验日、一对三做后维保等实战任务，巩固销售团队的课堂所学，加强门店销售员跟顾客之间的联系。在自己试用、给客户安装、回答客户各种疑问的过程中，门店销售员克服了对新品类的恐惧和陌生感，而且对产品知识也熟悉起来。项目组再配合每日标兵发红包、月度标兵发手表等激励措施，门店的销售势头很快开始蹿升。

C 市的经销商在一周之后整体销量提升了 600%，AI 音箱、摄像头、台灯、手环的销量都实现了突破式增长。于是这一套定目标、做演练、抓实战的“组合拳”很快在 B 省和其他地方推广。

四、店长标准化的角色认知

要想了解店长角色，首先就要来看看店长进化论。如表 3–5 所示。

表 3–5　店长进化论

进化过程	店长的要求
销售型店长	客户接待方法，产品介绍，销售话术 连单销售，会员客户维护、商品陈列等

续表

进化过程	店长的要求
管理型店长	店长每日工作流程，门店日常管理 卫生管理，商品进销存，设备维护，提高门店效率
经营型店长	商品畅销，商品滞销，客户购买率 客户购买客单价，客户购买场景，客户复购率 社群管理，体验试吃，营销活动，提升门店利润，数据分析
老板型店长	老板思维：关注成本、利润、异业合作、社会关系、品牌 短期目标和长期目标结合，团队培养、门店扩张，合伙人
店长标准化	店长工作流程，店长岗位职责，店长角色认知，门店盈利公式 店长标准化手册，店长训练体系，门店检查标准化

第 1 种店长：（无方法）

每天很累，对工作感觉力不从心，问题接二连三出现。

第 2 种店长：（打工思维）

虽能胜任工作，但不会全力以赴实现目标，认为自己是工薪阶层。

第 3 种店长：（融会贯通）

能够解决门店实际问题，完成目标，能够驾驭工作，主动创新。

第 4 种店长：（老板思维）

思考成本、利润、团队、持续发展，具有全局思维，像老板一样思考。

第 5 种店长：（店长标准化复制）

让店长一次做对，不依赖店长个人能力，连锁总部用成功的经验直接复制。

华为有一句话叫“明确期望比提升能力更重要”。什么是期望？角色定位就是企业对该岗位或角色的期望。如果你能承担好这个角色，就是一个合格的任职者，否则就会被淘汰。企业不会直接说你需要达到什么能力要求，华为会根据角色定位直接描述对你的行为要求，能力要求隐含在角色模型中，如店长岗位职责、店长角色认知。

我们需要为成功找 100 条方法，尝试，尝试，再尝试。缺乏尝试的勇气，就是暮气沉沉的人。是不是老年人和年龄没有关系，只要你缺乏尝试改变的勇气，你就是老年人了，你就是自我淘汰了，你就是被社会淘汰了。

案例分析：海底捞店经理必须做好的重点工作

1. 客户定位

海底捞店经理的客户定位是：为家庭和朋友聚餐提供一个优质的就餐环境。在为客人服务中，最可怕的是不知道客人的特定需求，以及知道了客人的特定需求但没有采取行动。作为管理人员，要知道部门来了哪些老顾客，来了哪些新客人，更好地满足客人的需求。

2. 员工的基本需求

管理人员要知道员工的基本需求，并想办法去满足。员工的基本需求有衣、食、住、行、休息、安全、归属感、尊重、情感、升迁。

3. 开好班前会

班前会的程序是激励—解决问题—反问。班前会要注意 3 个问题：首先要知道“向谁说”，即要知道开会的对象是谁；其次要知道“说什么”，即要知道向部下传达的内容是什么；最后要知道“说多久”，即要知道每个内容该说多长时间。该长则长、该短则短。

4. 工作中的难点、疑点

对工作中的难点和疑点，要分清哪些事情是有规律的，哪些事情是无规律的。对于有规律的事情，如一些特殊岗位，做到“人无我有，人有我新（创新）”，让客人感觉到物超所值。对于一些无规律的事情，你自身精力是有限的，可能顾不过来，要授权给员工，让他们进行处理，如客人投诉。

5. 工作日志

管理人员要写好自己的工作日志，写出自己的困难、苦恼、经验、教训，更快地进步和提升。内容包括昨天计划的完成情况、今天发现的问题、今天的感想及明日计划。

6. 选干部

选拔干部要考虑 3 个条件：人品、诚实度和抗压能力。

五、店长标准化的日常工作

（一）店长一天工作内容

1. 早晨开门的准备（开店前半小时）

（1）手下员工的确认，出勤和休假的情况以及人员的精神状况。

（2）营业店面的检查。存货的复核、新货的盘点、物品的陈列、店面的清洁、灯光、价格、设备、零钱等状况。

（3）昨日营业额的分析。具体的数目，是降是升（找出原因）、寻找提高营业额的方法。

（4）宣布当日营业目标。

2. 开店后到中午

（1）今日工作重点的确认：今日营业额要做多少；今日全力促销哪样产品。

（2）营业问题的追踪（设备修理、灯光、产品排列等）。

（3）营业店近期的西饼、面包进行销售量或总额比较。

（4）今天的营业高峰是什么时候。

3. 中午轮班午餐

4. 下午（1：00—3：00）

（1）对员工进行培训和交谈、鼓舞士气。

（2）对发现的问题进行处理和上报。

（3）四周同行店的调查（生意和我们比较如何）。

5. 傍晚（3：00—6：00）

（1）确认营业额的完成情况。

（2）检查店面的整体情况。

（3）指示接班人员或代理人员的注意事项。

（4）进行订货工作，和总部协调。

6. 晚间（6：00—关门）

（1）推销产品，尽力完成当日目标。

（2）盘点物品、收银。

（3）制作日报表。

（4）打烊工作的完成。

（5）做好离店的工作（保障店面晚间的安全）。

（二）店长的自我检查

1. 开店前

（1）店员是否正常出勤。

（2）店员是否按平日计划预备工作。

（3）店员的服装仪容是否依照规定。

（4）产品是否及时送到。

（5）产品是否陈列整齐。

（6）产品陈列是否有品种遗漏。

（7）标价牌是否搞错。

（8）入口处、营业区是否清洁。

（9）地面、玻璃、收银机、设备等是否清洁。

（10）灯光是否适宜。

（11）收银找零是否准备充足。

（12）包装材料是否准备充足。

（13）前一日报表是否做好送出。

（14）产品盘点是否无误。

（15）产品是否缺货。

（16）产品品质有无检查。

2. 开店中

（1）服务用语是否亲切。

（2）地面、入口、桌面是否清洁。

（3）冰柜是否够冷。

（4）招牌灯是否须打开（视天气情况）。

（5）灯光是否充足。

（6）产品摆放是否整齐。

（7）畅销产品是否足够。

（8）店员是否有异常表情和态度。

（9）交接班是否正常。

3. 关店

（1）是否有顾客滞留。

（2）收银机是否清零。

（3）现金是否放置恰当。

（4）报表是否制作。

（5）营业额是否达到目标。

（6）店面是否保持清洁。

（7）电力、水力、煤气是否关闭。

（8）保安措施是否完备。

（9）离店前店员是否异常。

（三）门店交接班管理

1. 交接班会议

（1）交接班会议一般为早晚两次，营业员接班时，由接班负责人组织接班会议，同时交班负责人也必须参加。

（2）交接班会议由当班负责人主持，不能由其他管理人员代劳。

（3）接班负责人应先查看当班负责人交接班本，了解上班所交接工作。

2. 交接具体事项

（1）商品交接。商品的价格在（多少）元以上的列为贵重商品和易盗品牌商品，每天上下班要对贵重商品进行核对，如果数量不符，由上一班员工赔偿。

（2）备用金的交接。交接对一些大钞进行确认，以防假钞；备用金的金额确认；做好交接记录，出现假钞由接收保管人负责。

（3）工作的交接。继续跟进或需传达的工作交接，如顾客订货、单据跟踪等。

（4）通报上一班的营业情况。

（5）如果店长对交接班商品不够重视，一旦被盗损失，店长个人要承担相应的连带责任。

3. 被盗商品责任划分

（1）交接班时，下一班核查出上一班的商品被盗，由上一班负责赔偿。赔款系数，由被盗商品的区域负责人赔偿（多少各公司定），其余（多少各公司定）由值班人员按岗位系数进行赔偿。

（2）在交接班时，两班都没有核查出来的，之后又发现商品被盗，经过核查确实以后，是由于交接班不认真而出现遗漏，由交接班负责人赔偿

（多少各公司定）的系数其他人按岗位系数负责赔偿。

（四）门店周会管理

1. 主题讨论

店长给出一个讨论主题，主动发问让员工来回答，并鼓励员工发问。或者分组让员工相互交流，每组选一个代表，将交流讨论的结果和心得阐述出来，分享工作心得与成功经验。

讨论主题有销售技巧、销售心得、商品管理、商品陈列、收银作业、服务礼等。

2. 复述法

比如，介绍完一类产品知识，随意请一位员工复述一遍，不仅可以让大家更加清楚地认识产品，还可以让第二个人也参与进来，既活跃了气氛，也锻炼了人。

3. 问题法

规定：店长提出一个问题，请一位员工回答。然后店长总结，大家分享。

规定：员工遇到一些问题，让店长回答，也可以让其他人回答，大家分享。

问题内容包括管理、产品知识、销售技巧、销售心得、商品管理、商品陈列、收银作业服务礼仪等。

4. 角色演练

比如，介绍一款产品知识，店长可以说："刚才已经讲过产品知识了，到底怎么在销售中运用，现在请你们其中一位扮演销售员，另一位扮演特别的顾客，现场演示下怎样推销这款产品。大家仔细观察，看他们有什么值得学习的地方，有哪些不足，有哪些可以做得更好？"让所有的员工互动起来。参与的员工越多，门店的气氛就越好。

附：店长日常工作工具和表格

1. 店长每日工作流程

表 3-6　店长每日工作流程

		项目	异常情况及处理			项目	异常情况及处理
营业前自检	1	店员是否正常出勤	马上联系未正常出勤人员，确定不能出勤后调派加班人员	营业中自检	1	服务用语是否亲切	发现不符合要求的及时纠正，避免在顾客面前训斥店员
	2	店员是否按平日计划预备工作	马上督促店员进行工作准备		2	地面，入口、桌面是否清洁	及时督促责任人员成值日人员
	3	店员的服装仪容是否依照规定	要求工作服留店，防止忘带情况		3	电源是否正常，是否出现断电情况	夜间停电时先关闭店门，确保安全后检查线路开关。同时汇报总部行政部门听取指导意见
	4	商品是否及时送到	联系配送中心确定到货时间，准备好到货验收人员				
	5	商品是否陈列整齐	指定人员限时完成整理				
	6	商品陈列是否有品种遗漏	及时上货，并可适当处罚遗漏品种责任区店员		4	招牌灯需否打开（视天气情况）	招牌灯组出现故障应通知行政部进行修缮，督促值班人员夜间歇业时关闭
	7	标价牌是否正确	如顾客购买商品价格比标价牌价格高。按标价牌价格销售，差价由责任人员赔偿		5	灯光是否充足	可对比比邻店铺，灯光不应弱于周边。注意节约用电
	8	入口处，地面、玻璃、营业区是否清洁	确定每日卫生值日人员表，确定卫生值日范围		6	畅销产品是否足够	及时上货，并可适当处罚遗漏品种责任区店员
	9	收银机、设备等是否清洁	收银台禁止出现私人物品				

续表

		项目	异常情况及处理			项目	异常情况及处理
营业前自检	10	灯光是否适宜	可对比比邻店铺，灯光不应弱于周边。注意节约用电	营业中自检	7	店员是否有异常表情和态度	店员异常情况需马上沟通摸底，开导教育，尽量不要影响工作安排
	11	收银找零是否准备充足	可在总部更换零钱，紧急情况可找其他店铺少量兑换，尽量不用商品代替零钞		8	交接班是否正常	交接班要确保数据正确，发现问题马上处理，不可造成遗留
	12	包装材料是否准备充足	及时申请，材料不足时先向周边姐妹门店临时借用				
	13	商品是否缺货	不紧急的备案，紧急的可借货或通过配送中心急配。不能因缺货影响销售	营业后自检	1	歇业时是否有顾客滞留	尊重滞留顾客，不能出现店员催促顾客的情况
	14	商品质量有无检查	发现质量问题或引起质量投诉，第一时间通知商品部，同时汇报门管部获得处理意见		2	数据是否完成接收、上传	数据上传下载是否完成关系公司数据的完整性和安全。如不能及时完成，致电IT组，按指令操作
	15	通道是否畅通	入口、货架通道不能出现阻塞				
	16	销售柜台内或卖场内是否有店员	店员不得随意离岗，如因人员缺少，需及早调整店员班次		3	收银机是否清零	收银台关闭，检查是否有遗留货币
	17	单品库存是否过多	不动销商品、超库存商品应避免积压，及时清退		4	现金是否放置恰当	现金不能放在收银台，需要妥善安全的保管
	18	如有促销，促销准备工作是否完成	有准备的促销和无准备的促销结果相差甚大		5	营业额是否达到目标	及时检讨未完成原因，制定出整改措施

续表

		项目	异常情况及处理
营业前自检	19	店员是否只顾聊天或做私事	坚决杜绝，闲暇的员工可安排进行短时小规模业务知识训练
	20	海报、POP等是否整洁完整	及时清除更换过期和不合格海报、POP
	21	货柜、货架是否清洁，商品有无积灰	督促责任区人员或值日人员清理
	22	前一日销售达成状况的分析	检讨未完成因素，总结成功因素。锻炼销售掌握能力
营业后自检	6	店面是否保持清洁	清洁应在歇业后或店内没有顾客的时候
	7	电力、水力、是否关闭	关闭时发现故障，马上汇报行政部门，不得离人
	8	保安措施是否完备	注意门锁、报警器等使用正常
	9	离店前店员是否异常	养成自觉查包的习惯

工作阶段	工作流程	时间	注意事项
营业前	店员报到	8:00—8:15	每天提前15分钟到店，进入店后依次打开电源，做好店员签到考勤，查看留言本上的昨天留言及营业状况，待店员到齐后，召开早会
	晨会	8:15—8:25	早会由店长主持，所有店员必须参加，内容包括
			1. 检查仪容仪表
			2. 总结前一天的销售状况和工作
			3. 介绍销售计划，提出当日销售目标
营业中	正式营业	8:30—18:00	1. 巡视卖场，检查卫生情况（包括橱窗、模特装饰），带领店员向顾客打招呼，并检查补充卖场
			2. 注意整个卖场的氛围
			3. 每隔一小时到收银处查看销售情况，对照以往情况进行分析，并及时提醒、鼓励店员
			4. 注意店员的休息、工作状态，切勿同进同出、同时休息或频繁休息
	空闲安排	8:30—18:00	1. 培训：比较空闲时，可请一位店员介绍货品的价格、特点等，让其温故知新

续表

工作阶段	工作流程	时间	注意事项
营业前	晨会	8:15—8:25	4. 提出当日工作要求：服务要求、纪律要求、卫生标准、顾客意见反馈
			5. 注意每位店员情绪，提高其工作意愿
			6. 针对新店员进行阶段性的、有计划的销售技巧培训与产品知识培训（尤其是新品上市）
			7. 传达上级工作要求
			8. 鼓励表扬优秀店员
			9. 店长带领店员做早操锻炼，迎宾气氛一定要活跃，表情自然、亲切
			10. 店长带领店员高呼开工口号：你是我的好朋友，我们可以做得更好
	整理	8:15—8:30	1. 指导清理店内卫生，分区进行
			2. 指导整理货品
			3. 依卫生考核表检查
	收银准备	8:15—8:30	店长指导收银员准备工作
营业中	空闲安排	8:30—18:00	2. 理货与卫生：指导店员整理货品、清洁卫生
			3. 核实目标：A.当天销售情况总结，核对是否实现早例会所定目标；B.分析并解决相关问题，提出相应策略，不断改进工作方法，促进销售业绩
			4. 整理顾客档案：方便顾客服务、跟踪反馈信息
			5. 完成各种报表：包括日报表、周报表、月报表、店员考核表等
	交接班	14:15—15:00	1. 交接班时要注意店堂安全，以防人多而丢失货品
			2. 安排必要的人员进行导购服务，切不可冷落顾客
			3. 将上午情况交接给下一班，鼓励B班店员精神饱满
			4. 交接班要以迅速、准确、方便为准则
			5.《员工交接班检查表》
营业后	清洁卖场及安全检查	21:00—21:15	闭店参照公司店务手册的闭店流程执行

2. 店长每周工作内容

表 3-7　店长每周工作流程

门店： 责任人：		时间：　　月　　日—　　日
时间	工作重点	完成打"√"
周一	安排本周重点工作；库龄，存销比分析及效期商品处理，上传店长周工作计划	
周二	检查商品陈列，清洁。下午参加店长周会	
周三	查缺货率及核心商品缺货情况。竞争对手商品价格、品种结构竞争对手的促销、卖场布局分析	
周四	人员管理。检查员工工作状态、专业知识及销售技巧掌握情况，重点检查会员，服务	
周五	检查周末备货情况，协调与其他部门的工作	
周六	检查门店各项记录填写情况、资料文件整理情况；参加部门会议，总结一周经营管理情况，制订下周工作计划，提交本周培训实施情况	
每周末完成工作及临时安排工作情况说明	责任人签字： 时间：	

3. 店长每月工作

表 3-8　店长每月工作内容

日期	工作内容
1号	上报上月本店销售业绩，分析门店员工的销售排名情况，制定目标，分解目标
1—3号	提交本店上月《商品动销的分析及处理》
1—5号	制定本店本月《团队建设计划表》，总结上月团队建设完成情况
1—5号	会员日，组织会员营销活动
1—5号	提交上月门店沟通记录完成情况
15号	半月会业绩分析总结，销售培训，团队奖励，店员沟通

续表

日期	工作内容
27—30号	制订本店下月培训计划，业绩冲刺
27—30号	近效期商品检查整理，总结、复盘下个月计划

六、门店的团队建设

（一）什么是领导力

1. 何谓领导力

管理大师德鲁克说：“管理者有别于他人的最重要角色，就是他的教育职能——赋予他人愿景和执行能力。”只有当员工拥有管理者的愿景，站在管理者的角度看待企业，认为自己的绩效将影响企业的兴衰存亡，他才会承担起达到最高绩效的责任。企业家和管理者都应该想一想，在你做经营管理的过程中，你是在提升自己和你追随者的境界，还是在让自己和他们堕落？

“靠骂靠罚搞管理，毛驴都能当经理！”

西贝首席运营官、标部总导师张慧说，用脑，只能 1+1=2，用脑加用心，才能 1+1>3。他还写了下面这首诗。

今天不走心，明日无成就。
今日无成就，明天必亡心。
事事都走心，人人都成功。
台上十分钟，背后十年功。
人事都必然，哪有侥幸成。

附：

表3-9 门店传帮带责任状

甲方：本人______决心传帮带下面的新员工，将公司的优良传统及本人突出的知识、技能、态度传授给新员工。

新员工姓名	性 别	进公司时间

双方暂约定责任时间：从 月 日到 月 日。

乙方：本人 决心听从传帮带负责人的言传身教，做好工作，争取成为一个合格的公司员工。

其他约定：

1. 如属个人原因乙方不愿留下，乙方将通知甲方和人力资源部，说明原因，不能不辞而别。

2. 甲乙双方均保证如实地填写双方的评估意见。

3. 其他：

本责任状一式四份。四方各留一份。

甲方—— 传帮带负责人签名： 时间：

乙方—— 新员工签名： 时间：

表3-10 新员工对传帮带责任人的工作表现评估表

传帮带责任人： 责任时间：从 月 日至 月 日

部门（门店）：

评估内容		非常	符合	不符合
态度	热情待人，不给脸色	（ ）	（ ）	（ ）
	主动施教、言语平和	（ ）	（ ）	（ ）
	地位平等，不以老资格压人	（ ）	（ ）	（ ）
	不以锻炼为名给人穿小鞋，加大工作量	（ ）	（ ）	（ ）

续表

评估内容		非常	符合	不符合
知识	传授材料知识、专业知识	（ ）	（ ）	（ ）
	传授客人知识、服务知识	（ ）	（ ）	（ ）
	传达公司经营理念、各项规章制度、注意事项	（ ）	（ ）	（ ）
	带领熟悉环境、同事等	（ ）	（ ）	（ ）
技能	传授销售技巧	（ ）	（ ）	（ ）
	传授专业技巧	（ ）	（ ）	（ ）
	传授工作中其他所用到的技能	（ ）	（ ）	（ ）
其他说明：				
不足之处：				
总体评价：（ ）优 （ ）良 （ ）合格 （ ）欠缺 新员工签字：				
人力资源部意见：		签名：		

2. 店长标准化复制好处主要体现为：

（1）人才孵化。让连锁总部能够批量复制店长，建立店长人才生产线。

（2）降本增效。店长强，门店业绩强，让店员满意，让客户满意。

（3）门店知识资产。有店长手册 +PPT 课件 + 内部讲师 + 线上商学院。

门店未开，店长先有，兵马未动粮草先行，先有店长，才有盈利，最后才能门店扩张。

（4）店长工作流程化。让店长工作有导航可查，有成功路径可参考。

（5）店长工作标准化。让店长工作有标准，减短自我摸索成长时间。

（6）店长工作培训化。让店长从知道到做到，门店经营管理更熟练。

（7）店长工作考核化。让店长工作可衡量，有规章制度及检查评估。

因此，连锁总部应该重视店长标准化复制的重要性，通过制定统一的培训标准、管理流程和评估体系，确保店长能够掌握必要的技能和知识，提高门店的运营效率和服务质量，增强连锁门店的市场竞争力。同时，连锁总部还应该为店长提供持续的职业发展和晋升机会，激发他们的工作热情和创造力，为连锁门店的长期发展奠定坚实的基础。

（二）门店标准化怎么制定才有效

1. 明确三个问题

有标准，才有执行力。

（1）店长应该干什么——岗位职责。

（2）店长怎么干——方法流程。

（3）店长干到什么标准——激励考核。

2. 标准化落地工具

如图 3–4 所示。

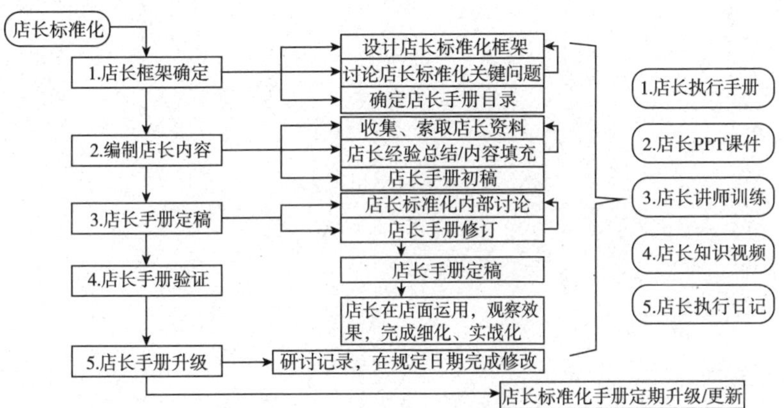

图3–4　标准化落地工具

3. 拟定手册框架

如图 3–5 所示。

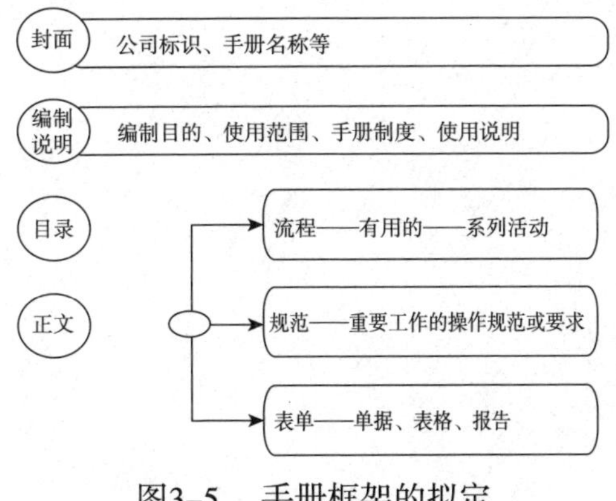

图3–5　手册框架的拟定

4. 门店标准化手册编制研讨内容

手册呈现三要素：流程、规范、表单。

店长标准化：北斗七星。①认知店长，合格的领导者；②认知门店，了解我的门店；③认知店员，了解我的战友；④认知商品，畅滞组合销售；⑤认知客户，清晰目标客户；⑥认知管理，门店正常运转；⑦认知运营，业绩诊断提升。

第四章 门店销售标准化手册

销售标准化复制：销售岗位职责、销售流程设计、销售话术手册、销售成交技巧、客户疑问解答、销售百问百答。

销售工作模块化；销售流程标准化；销售方法体系化；销冠复制批量化。

一、销售标准化复制5步法

销售标准化复制5步法是一种旨在提高销售人员工作效率和服务质量，从而推动销售业绩增长的管理方法。

1. 分析销售职责定标准

（1）明确销售目标与职责。明确销售团队或个人的销售目标，以及每个销售人员的具体职责。这有助于销售人员清晰了解自己的工作任务和期望成果。

（2）提炼日常工作流程。通过对销售人员的日常工作进行详细梳理，提炼出标准化的工作流程。这些流程包括客户开发、邀约、了解客户需求、客户疑问解答、成交和售后服务等各个环节。

（3）编写销售执行手册。将销售人员的岗位职责、工作流程和关键步骤等编写成销售执行手册，作为销售人员的工作指导文件。

2. 复制销售标准成课件

（1）开发销售课件PPT。根据销售执行手册的内容，开发销售课件PPT，将销售流程、技巧和策略等以直观、易懂的方式呈现出来。

（2）编写学员手册。为销售人员提供学员手册，手册中包含销售流程、关键步骤、常见问题及解答等内容，销售百问百答话术等方便销售人员随时查阅和学习。

（3）培养内部讲师。选拔并培养内部讲师，负责销售人员的培训和指导。内部讲师应具备丰富的销售经验和专业知识，能够准确传授销售技能。

3. 训练销售标准重实战

（1）分阶段训练。根据销售人员的实际情况和销售目标，分阶段进行训练。每个阶段都有明确的学习目标和任务，确保销售人员能够逐步掌握销售技能。

（2）模拟销售场景。通过模拟销售场景，让销售人员在实战中锻炼和提升自己的技能和水平。模拟场景可以包括客户开发、邀约、了解需求、客户疑问、成交和售后服务等各个环节。

（3）考核评估与反馈。对销售人员进行定期的考核评估，了解他们的学习进度和掌握情况。同时，给予及时的反馈和指导，帮助他们改进不足，提升销售业绩。

4. 执行销售标准出绩效

（1）严格执行销售流程。销售人员在工作中应严格执行销售流程，确保每个环节都能按照标准化的要求进行。这有助于提高销售效率和服务质量。

（2）发现问题并改进。在执行销售标准的过程中，销售人员应及时发现问题并寻求改进方法。通过不断优化销售流程和工作方法，提升销售业绩。

（3）定期总结与分享。定期组织销售人员进行总结和分享会议，分享成功的销售案例和经验教训。这有助于销售人员相互学习、共同进步。

5. 持续监督与优化

（1）建立监督机制。建立有效的监督机制，对销售人员的执行情况进行定期检查和评估。这有助于确保销售标准的持续执行和优化。

（2）收集客户反馈。积极收集客户的反馈和意见，了解客户对销售服务的满意度和需求。根据客户的反馈，对销售标准进行优化和改进。

（3）定期更新销售标准。随着市场环境的变化和客户需求的变化，销售标准也需要不断更新和完善。企业应定期评估销售标准的适用性，并根据实际情况进行调整和优化。

销售标准化复制五步法通过明确销售目标与职责、提炼日常工作流程、编写销售执行手册、训练销售人员、执行销售标准以及持续监督与优化等措施，实现了销售工作的标准化和复制化。这一方法有助于提高销售人员的工作效率和服务质量，从而推动销售业绩的增长。

附：销售标准化技能重要性打分

表 4-1　销售标准化技能重要性打分

手册名称	1分	2分	3分	4分	5分
销售岗位职责					
销售每日流程					
销售每月流程					
客户疑问解答					
销冠经验萃取					
销售心理学					
客户回访维护					
销售角色认知					
销售流程设计					
客户购买流程					
销售百问百答					
销售心态调整					
客户体验设计					
销售成交策略					
销售宣言编写					
大单连单方法					
客户邀约方法					
产品卖点提炼					
销售话术设计					
微信沟通方法					
微信朋友圈打造					

二、门店销售标准化复制的好处

门店销售标准化复制的好处如下。

（1）缩短销售成长周期，让新销售快速成为销冠。

（2）批量复制销售团队，让企业有自我造血功能。

（3）减少销售试错成长，让销售没有犯错的机会。

（4）提高销售的成交率，让企业的利润持续增加。

三、门店销售的角色认知

（一）销售宣言

我是谁？销售是自己给自己发工资，销售是我成长最快的岗位，销售是我改变命运的工作，挫折是销售成长的垫脚石，拒绝是销售成功的磨刀石。我为自己的人生负责，我为父母负责，我为光宗耀祖负责，我最大的责任就是将自己打造成器。

销售理念：客户的买点，才是销售的卖点；客户的策略，才是销售的策略；客户主导着销售流程，销售引导着客户体验；客户购买的不是产品，客户购买的是问题解决方案。

销售成功：我选择了销售就选择了成功，我的成功是为客户创造价值而成功，我的小成功是帮助客户成功而成功，我的大成功是帮助客户的客户成功而成功。我能为公司持续创造利润，所以我一直成功。

销售信念：我不害怕失败，我要尝试，尝试，再尝试；我不恐惧未来，因为我有销售方法和策略。我热爱销售，所以我奋斗不止；我热爱客户，所以我快乐销售；我相信公司，所以我热情澎湃；我相信产品，所以我信心百倍；我不断销售，所以我收入倍增。

（二）企业销售培训进化论

1.0 销售靠摸索、靠经验做销售。

2.0 销售靠老人传、帮、带做销售。

3.0 销售靠标准化话术、卖点做销售。

4.0 销售靠研究客户买点，购买行为做销售。

5.0 销售靠研究关注客户价值，客户成功做销售。

6.0 销售萃取销冠最佳销售经验，标杆销售体系复制做销售。

表 4-2　企业不同发展阶段销售培训的主要内容

第一级	第二级	第三级	第四级
公司发展历程	SPIN销售法	逼单技巧	消费者购买行为和决策
企业文化	FABE话术设计	谈判技巧	客户的业务知识
产品知识	产品卖点	销售漏斗	客户的价值
客户案例	客户疑问处理	销售策略	客户的客户成功
竞争对手	销售心态培训	顾问式销售	标杆销售最佳销售实践萃取
市场环境	目标制定与分解	客户管理和经营维护	学习知识和提升绩效是两回事
销售话术	梦想板	成本意识和利润计算	
拓展培训	时间管理	口才和演讲技巧	
打鸡血上战场	客户类型分类	个人品牌专家打造	
商务礼仪	电话销售技巧	培训和辅导技巧	
摸爬滚打，生死由命	枪支弹药，自由发挥	从蒙着打，到瞄着打	刀刀见血，掌掌到肉

四、门店销售的话术设计

会说话，销售如坐电梯。不会说话，销售就如爬楼梯。

（一）FABE 产品介绍话术工具

FABE 是一种说服性销售过程。销售人员在引导顾客消费时，首先要说明产品“特点”，再解释“功效”，然后阐述“利益点”并展示“证据”让顾客相信这些。这是一个循序渐进地引导顾客的过程。按照这样的顺序来介绍产品，可以让客户知道你的产品是最好的、最适合他的，并对此深信不疑。

F 代表特征（Features），即产品的特质、特性等最基本功能。例如，从产品名称、系列、产地、材料、工艺、定位、参数、特殊设计等。

A 代表优势（Advantages），即所列的商品特性究竟发挥了什么功能、优点？例如，方便、省力、锋利、省电、美观等。

B 代表利益（Benefits），即商品的优点带给顾客的好处，例如，“这样一块精致的手表您戴上在朋友面前多有面子呀。”

E 代表演示（Evidence），即包括技术报告、报刊文章、照片、示范、体验等。通过现场演示、相关证明文件、品牌效应来印证刚才的一系列介绍。

事实上，特征、优势、利益、演示是一种贯穿的因果关系。当销售人员对它们之间的关系了解得很清晰，运用得很熟练后，就会有充分的理由让顾客购买所需商品。

（二）产品卖点和顾客需求结合的销售话术

顾客只关心买了商品后他的生活好不好，成人对商品的了解只相当于7岁的儿童，不同的顾客有不同的买点，不同的产品有不同的卖点，总有一款产品能满足顾客的需求。

顾客永远只关心自己的利益，如顾客购买炊具最关注的问题有以下几个。

（1）健康（油烟、生锈、材质）；

（2）功能[轻便、摆放、清洗、导热变形安全（烫手）]；

（3）服务（包换、保修、配件）；

（4）价格（折扣、赠品）。

（三）产品介绍话术分5步走

第1步　挖痛苦

挖掘顾客在日常生活中因产品不便带来的痛苦回忆和感受，激发其寻求帮助的心理。

第2步　讲原理

从专业理论方面讲解产生痛苦的原因，增加顾客的信任感。

第3步　推产品

推荐应用最新技术或材质制作出来的能够直接解决顾客痛苦的新产品，让顾客产生了解的兴趣。

第4步　做演示

现场向顾客演示产品的性能，证明其能够有效地解决顾客的痛苦，激发顾客购买欲望。

第5步　亲体验

让顾客亲身操作和体验新产品带来的便利和幸福感，彻底解决其痛苦来源，促使其下决心马上购买。

（四）销售话术基本功

1. 主导话题

在与其他人的对话交谈中，主导作用太过激，就变成以自我为中心，不顾及他人的感受，导致孤立。这里的主导是以顾客思想为中心的主导，让顾客跟着我们的思路走，反之，不会起主导作用，会变成被动。

场景 1：（在办公室内）

同事甲：中午去吃面吧。

同事乙：我不喜欢吃面，咱们去吃川菜吧。

同事丙：还是去食堂里吃吧，又便宜，又省时间。

其实，每天都花半个小时谈论吃什么完全没有意义，都是同事，中饭在哪里吃应该从三个方面考虑，以后就不用讨论来讨论去了。

同事丙：哪三个方面啊？？

场景 2：（汽车展厅）

客户：这车有 ABS 吗？

销售顾问（说话基本功携带者）：如今，ABS 这个东西都普及了，是个车都有，三四万元的车也有。

其实，您问的这个 ABS 是看车、挑车、权衡车值不值得买的三个重要方面中的一个方面，客户聚精会神，还要听他什么？

2. 迎合话题

迎合不是吹牛、拍马屁、奉承，而是一种沟通技巧，是指快速通过对方语言中的事实、观点，运用听到的逻辑对对方说的话进行补充，让对方有感同身受的氛围和体会，产生相见恨晚之感，建立一个共振的场。简单而言，迎合就是将心比心，通过说话拉近彼此的距离，使交流更加顺畅。

迎合就是承接对方话语的语意，形成顺应的语言背景，赢得宽容的交谈氛围。迎合达到高超的境界时，对方完全听不出来你是故意的迎合还是发自内心的观点。

举例：

潜在客户甲：你说的这辆车价格有点贵。

销售顾问：您说得对……（肯定客户的观点）

通常在这个排量范围内来看，这辆车的价格较高，比起这个范围内价格最低的8.9万元，多了整整4万元，不过，这个范围内最贵的可是14.8万元。要想让迎合达到期望的效果，有3种方式。

（1）对方说结论，自己给事实。例如，对方说“今年的冬天可真够冷的”，你就可以回应“是啊，零下19℃呢，这是45年来的最低纪录了”，这等于给对方的结论补充事实。

（2）对方说事实，自己给结论。例如，对方说“我今天刚到这里，就在长途汽车站丢了一部手机”这是一个事实，你要想迎合对方，可以补充一句“长途汽车站那儿确实人流特别多，挺乱的”，这就是按照对方的事实补充结论。

（3）对方既有事实又有结论，自己补充体会。例如，对方说“上周我发烧39.8℃，头晕目眩，真是难受”，这句话既有事实又有结论，你要想迎合对方，可以说“我太有同感了，上次我发烧还不到39℃，就已经全身发软了，连说话都没有力气，眼镜戴上都累”，这是补充与对方类似的体验，可以让对方有亲切感。

3. 铺垫话题

在回答客户的问题时，可以应用对问题的评价，来延缓其对问题的关注。比如，双方说话一来一往之间添加隔层，创造舒服的说话环境，消除对抗，获得理解、握手言和，提高说话水平！

4. 制约话题

制约就是在互动式的说话氛围内，提前知道别人要表达的事情，而这件事情不一定对自己有利，只能变成一种形式，先发制人，别人无法发作，让发起制约的人获得谈话的优势地位。

举例：

潜在客户："你们的这辆车现在便宜多少啊？"

销售顾问："现在这辆车目前不加价。"

接下来该怎么办？

表现得比对方更加期待。将自己的处境表现得比对方更加希望展现对方的想法，延伸并强化对方的期待，缓和对方提出的要求，比如，顾客认为产品太贵，要求降低价格，你可以这样回答："先生，我真想降价，降了卖得更多，你不觉得这也是我希望的吗？"通过制约影响对方的心理，让对方觉得两人是一致的关键。

体现在准确地推测对方这句话以后的话会向什么主题发展。下面这些问话后，一般发问的人会接着说什么？"如果付了订金什么时候可以提车呢？""你几点可以到现场？""这东西多重啊？""你怎么又迟到了？""你现在手里有多少现金？"

月子中心卖点怎么说才有用，宝妈才听得懂：

◆ 我们服务了10000多个产妇和宝宝。

不如说：很多律师、政府人员和企业家都选择我们月子中心。

◆ 我们开10年了，非常专业。

不如说：人民医院的护士和医生都在这里坐月子。

◆ 我们是这个地区第一个开月子中心的，有14年了。

不如说：在我们这里坐月子照顾的第一批小孩都上高中了。

◆ 我们月子中心是这个地区面积最大的。

不如说：很多以前住在这里的宝妈说，在这里就像在购物中心一样，走上走下做产后修复，空间很大像逛街，心情一点都不闷不烦。

案例1：钻石珠宝门店销售体系

表4-3　钻石珠宝门店销售体系

钻石珠宝门店销售体系：标杆营销研究院		
公司销售流程	客户购买流程	销售方法策略
1. 接待准备，调整状态	1. 初定预算	1. 倾听经历

续表

钻石珠宝门店销售体系：标杆营销研究院		
公司销售流程	客户购买流程	销售方法策略
2. 迎接顾客，自我介绍	2. 做足准备	2. 洞察想法
3. 建立信任，询问来源	3. 品牌分析	3. 按需推荐
4. 了解需求，介绍产品	4. 进店了解	4. 描绘场景
5. 鼓励试戴，热情赞美	5. 销售服务	5. 激发欲望
6. 察言观色，解答疑问	6. 关注活动	6. 换位思考
7. 引导成交，附加销售	7. 售后服务	7. 主随可变
8. 售后介绍，发帖点评	8. 货比三家	8. 达成共识
9. 微笑送客，后续养护	9. 合适就买	9. 拍板定购

案例 2：月子中心销售分析表格

表4-4　月子中心销售分析

月子中心销售（宝爸宝妈）分析表2.0 A/B/C客户分类（李一环老师原创）		
客户分类	销售现状	销售动作
C类客户 C1/ C2/ C3 （未到店）	1. 只有联系方式 2. 来自网站咨询 3. 客户转介绍 4. 总是说没有时间 5. 你打电话给我介绍	1. 电话邀约话术，邀约短信，加微信 2. 活动邀约、礼品邀约、专家邀约 3. 讲座邀约、发价值信息、发关心信息、确认到店时间、人员等 4. 可发月子中心图片、视频、案例 （目标是到店参观，不要轻易报价）
B类客户 B1/ B2/ B3 （已到店）	1. 了解预产期 2. 了解坐月子需求 3. 预产期剩4个月 4. 对品牌认可 5. 对销售认可 6. 参观30分钟以上 7. 问了房间、房型价值、价格、服务项目 8. 和家人老公一起 9. 要再考虑，去对比价格太贵了，优惠等	1. 提问了解需要 2. 加强销售个人印象 3. 试吃月子餐 4. 活动参加 5. 让客户体验项目 6. 尝试踢单/交定 7. 关注陪同者（重点、重点、重点） 8. 重点服务项目/房间介绍/套餐 9. 设计参观流程和线路 （目标是了解需求，和客户同频，呈现月子中心不一样的价值）

续表

月子中心销售（宝爸宝妈）分析表2.0 A/B/C客户分类（李一环老师原创）		
客户分类	销售现状	销售动作
A类客户 A1/ A2/ A3 （快签约）	1. 二次以上到店 2. 参加过试吃 3. 参加过活动 4. 了解过合同条款 5. 确定房型/朝向/价格/赠送服务 6. 重点谈了几个关心服务项目/包括小孩等 7. 只有一两个疑问	1. 了解客户重点疑问 2. 找同事配合签单 3. 找店长配合签单 4. 找专家配合签单 5. 要敢踢单、促单、逼单 6. 随准备签单并拿本子 7. 准备好签单工具、合同、计算器、平板电脑、客户案例、POS机等 8. 不断重复客户关注的点，和客户对坐月子的担心问题。 9. 签单才是硬道理，业绩才是硬道理 10. 不要害怕客户跑了，不签单了 （目标是签单，不要轻易让客户离开）
签约客户 （未入所）	1. 还有几个月生小孩 2. 只付了一部分定金 3. 身体状况有不一样 4. 对生小孩比较害怕 5. 家人都不在身边，老公上班，有二孩以上 6. 签约砍价比较厉害 7. 对月子中心不是很满意，但是没有办法 8. 以前住过别的月子中心，颇有微词 9. 对婆婆/老公/家人有微词	1. 关注预产期 2. 关注心情 3. 关注后期检查项目 4. 关注待产包情况 5. 关注客户家到医院距离 6. 关注二孩是否上学/有没有人照顾 7. 短信关心、专业知识、天气知识等 8. 让宝妈宝爸放心、经常关心 9. 到医院陪护，不断地告知等等 （目标是不要退款，减少住进来投诉）
入所客户 （住进来）	1. 刚住进来 2. 1天内 3. 2天内 4. 10天内、15天内 5. 出所前3天 6. 出所当天	1. 最好的客户案例就在月子中心 2. 问候、关心、感谢选择我们 3. 重点项目关心 4. 小孩关心、宝妈问题关心 5. 短信关心、聊天关心 6. 给带女性杂志、心理、幸福等等 （目标是让客户放心，服务一直都在）

续表

月子中心销售（宝爸宝妈）分析表2.0 A/B/C客户分类（李一环老师原创）		
客户分类	销售现状	销售动作
出所客户 （已出所）	1. 出所第1天 2. 出所第3天 3. 出所第6天 4. 出所第1个月 5. 1年不间断联系 6. 自己带,保姆带，家人带，自己上班吗 7. 小孩托儿所、幼儿园、小学等	1. 一条短信/微信，再次让客户选择我们 2. 洗澡、喂、换纸尿裤等等 3. 是否遇到问题啊 4. 身体有没有情况 5. 有没有去医院检查 6. 目前睡觉情况怎么样 7. 回月子中心参加活动 8. 小孩上学情况怎么样 9. 有没有准备生第二胎 10. 有没有朋友，闺密怀小孩介绍一下 （目标让客户感动，产生复购、转介绍）

表 4-5　月子中心客户分析表

宝妈姓名	李一环	身高	165cm	联系电话	13798521852
客户来源		老客户		老客户套餐	
胎次		大宝		宝妈年龄	
预产期		孕期		待产医院	
分娩方式	顺产，剖宫产			产检	
家庭住址				上班/没上班	
家庭住人	老公，婆婆			保姆情况	
参观陪同	老公，闺密，婆婆，妈妈			出行方式	公交、地铁、自驾
身体状况	体重：瘦，正常，微胖		身体：脸上长痘，高血压，糖尿病		
	孕反应：畏寒、头晕、四肢乏力、嗜睡、食欲下降、讨厌油腻、喜欢吃酸味食物、恶心、晨起呕吐、尿频、乳房胀痛、便秘、胀气、腰背疼痛及坐骨神经痛、睡不好				
宝妈性格	语言多，语言少，主动沟通，语言严谨，冷漠，微笑，互动				
家庭情况	家人不懂，婆婆没空，年龄大，不想麻烦，老公要上班，出差				
决策力	自己决策，老公决策，家人决策				
倾向性	家人照顾，月嫂照顾，月子中心				

续表

月子中心	不了解月子中心，熟悉月子中心，有朋友坐过月子中心	
坐月子	不专业，害怕，担心，没有问题，很重要，非常重要，要科学，要身材	
客户参观月子中心比较关注内容包括宝爸、朋友、家人	月子餐要求	过敏/禁忌
	宝妈护理	
	宝宝护理	
	家人探访	
	产后修复	
	客户疑问	
	参观次数	
	房型套餐	
第一次沟通策略	宝妈情况： 方法策略：	
第二次沟通策略	宝妈情况： 方法策略：	
第三次沟通策略	宝妈情况： 方法策略：	
第四次沟通策略	宝妈情况： 方法策略：	

五、门店销售百问百答话术

如果销售客单价比较高，如家居建材、珠宝、月子中心，就要做销售的百问百答。如果客单价比较低，如矿泉水，客户的决策时间比较短，就不需要，如果价格定得比较高，客户可能会问很多问题，如“你们公司成立多少年了？”“你们这个产品怎么样啊？”“哎呀，太贵了，我要跟家人商量一下，有没有优惠一点啊？”……

其实，完全可以把这些内容提炼出来，包括公司有什么竞争力、品牌有什么差异、商品有什么差异、服务有什么差异、跟同行有什么区别……

做成百问百答。

宝宝、宝妈生病怎么办?

·您问的这个问题，说明您是一个非常关心宝妈的丈夫，也是一个非常有责任心的人。

·产褥期的宝妈免疫力比较弱，我们保持房间温度恒温，我们有新风系统，让空气更新鲜，我们也会时刻关注宝宝和宝妈的衣着是否合适，尽可能地避免宝宝、宝妈生病的可能性。我们是母婴护理机构非医疗机构，如果真遇到突发问题，我们会协助家属送宝宝、宝妈就医。

·如果宝宝和宝妈生病了，我们儿科和产科的医生会在第一时间来查房，最快给出最好建议，尽可能地在不去医院的情况下快速让宝宝和宝妈的病情得到控制好转，你觉得怎么样?

宝宝是和我住在一起吗?

·你这个问题很多宝妈都关心，我们的建议是母婴同室。宝妈产后体虚，为了保证宝妈休息，可以让护理老师带宝宝到婴儿房，让您安心休息，这样的服务是您想要的吗?总之，我们的服务是按照我们宝妈的需要而制定。“让宝妈放心、省心、开心”是我们月子中心的服务宗旨，我们这样做可以吧。

月子餐吃什么?发胖吗?

·月子餐和身材是每个宝妈都关注的问题，我们月子餐是根据宝妈产后的体质进行科学搭配的，三餐三点，一天 6 顿，一个月 180 顿，营养均衡。我们会根据四个阶段来给您调配，一清二调三补四养，不会因为您产后因为吃月子餐而发胖，不知道您更关注月子餐哪方面?

这么多宝宝，会抱错吗?

·问这个问题最多的是爷爷奶奶，我们公司也非常重视这个问题，为解决这个问题采取了很多措施，我们做了什么……出门两核对，进门两核对，对房间号和车号，保证不会错。

销售百问百答手册：批量培训销售人员、缩短销售培养周期、减少销售试错成本、提高销售的成交率、让销售没有犯错机会、让销售拿着答案和客户沟通。

图4-1　门店销售百问百答话术

六、门店销售标准化手册复制

（一）门店销售标准化复制

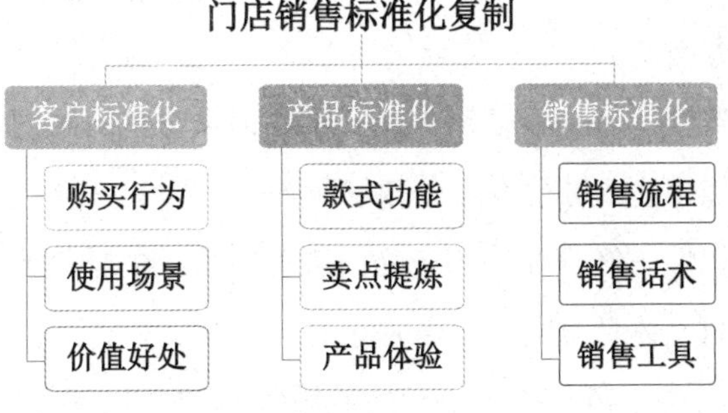

图4-2　门店销售标准化复制

1. 客户标准化

（1）购买行为标准化。购买行为标准化是指客户在购买产品或服务时表现出的一系列稳定、可预测的行为模式。这些行为模式可能受到个人因素（如年龄、性别、收入等）、心理因素（如动机、态度、认知等）、社会因素（如家庭、朋友、媒体等）和文化因素（如价值观、信仰、习俗等）的影响。购买行为标准化的主要特点包括以下方面。

①需求识别。客户在购买前会明确自己的需求或问题，并寻求通过购买某种产品或服务来解决。

②信息搜索。客户会通过多种渠道收集与需求相关的信息，如产品特点、价格、品牌信誉等，以便作出购买决策。

③评估选择。客户会根据自己的需求和预算，对收集到的信息进行评估和比较，选择最符合自己需求的产品或服务。

④购买决策。在完成评估选择后，客户会作出购买决策，确定购买哪种产品或服务。

⑤购买行为。客户会实际执行购买行为，如在线下单、到店购买等。

购买行为标准化有助于企业更好地了解客户的需求和行为模式，从而制定更有效的营销策略和产品设计。

（2）使用场景标准化。使用场景标准化是指客户在使用产品或服务时所处的环境、情境和方式的标准化。这有助于企业更好地了解客户的使用习惯和需求，从而优化产品或服务的设计和功能。使用场景标准化的主要特点包括以下方面。

①环境一致性。客户在使用产品或服务时所处的环境具有一定的稳定性和一致性，如家庭、办公室、公共场所等。

②情境相似性。客户在使用产品或服务时所处的情境具有一定的相似性，如工作时间、休息时间、娱乐时间等。

③方式规范性。客户在使用产品或服务时的方式具有一定的规范性，如操作方式、使用频率、维护方式等。

通过了解和分析客户的使用场景，企业可以优化产品或服务的设计和功能，提高客户的满意度和忠诚度。

（3）价值好处标准化。价值好处标准化是指客户在购买和使用产品或服务时所期望获得的价值和好处具有一定的稳定性和一致性。这些价值和好处可能包括产品质量、价格优势、使用体验、品牌形象等方面。价值好处标准化的主要特点包括以下方面。

①产品质量稳定。客户期望获得的产品质量具有一定的稳定性和一致性，能够满足其使用需求和期望。

②价格优势明显。客户期望获得的产品或服务价格具有一定的竞争力，能够满足其预算和性价比要求。

③使用体验良好。客户期望在使用产品或服务时能够获得良好的使用体验，如操作简便、界面友好、功能完善等。

④品牌形象良好。客户期望所购买的产品或服务来自具有良好品牌形象的企业，这有助于提升其信任度和忠诚度。

2. 产品标准化

（1）款式功能。同一类客户购买产品，推荐相同产品，珠宝门店面向结婚购买的客户。

（2）卖点提炼。将所有的产品卖点及客户的买点，提炼出来，方便销售形成话术体系。

（3）产品体验。客户接待产品体验流程，如超市试吃流程、服装的试穿流程、月子中心的参观流程。

3. 销售标准化

（1）销售流程。获取客户、邀约客户、了解需求、产品推荐、产品体验、疑问解答、成交体系等。

（2）销售话术。面对不同客户的销售话术、不同产品的销售话术、促单话术，连带话术，成交话术等。

（3）**销售工具**。月子中心的平板电脑、产品套餐手册、家居建材的卷尺、客户分析 ABC 表格等。

（二）销售训练

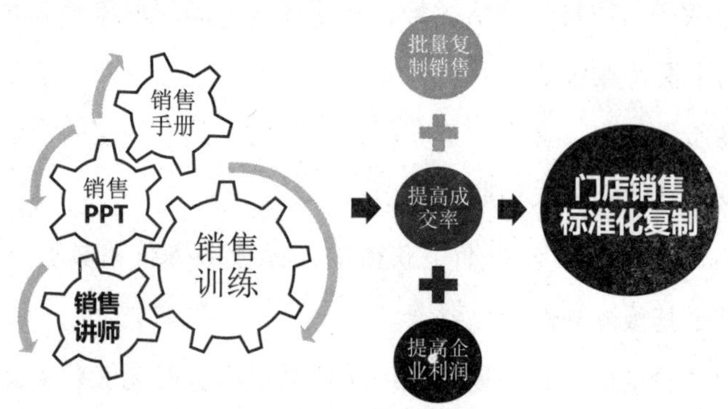

图4–3　门店销售训练

（1）**销售讲师**：授课技巧、行动学习、群策群力、课程互动、案例点评、生动化演绎等。

（2）**销售 PPT**：PPT 设计、成功案例设计、失败案例设计、色彩搭配，数据分析呈现等。

（3）**销售手册**：销售手册大纲设计、市场分析、产品介绍、销售策略、销售流程、销售技巧和工具、销售案例等。

（三）SOP 销售手册操作方法

（1）**寻找标杆区域**：整个区域销售业绩平均水平比较高。

（2）**寻找标杆门店**：门店业绩连续完成或突破目标。

（3）**寻找标杆销售**：销售是连续销冠，每个月业绩稳定，或是高客单，高连带，某一类客户群体成交高。

（4）**寻找老客户购买原因**：产品原因、服务原因、销售员原因，找到客户购买产品的真正原因。

（5）竞品门店走访：看看竞品哪些地方做得好，是陈列，是话术，是接待，是产品，还是热情等。

（6）形成销售标准化手册：让新销售能够自我学习，入职后连锁总部不一定能够马上给新销售培训。

（7）设计销售标准化课件：让管理层和销冠人人是老师，减轻培训部的压力，最好的老师就在一线。

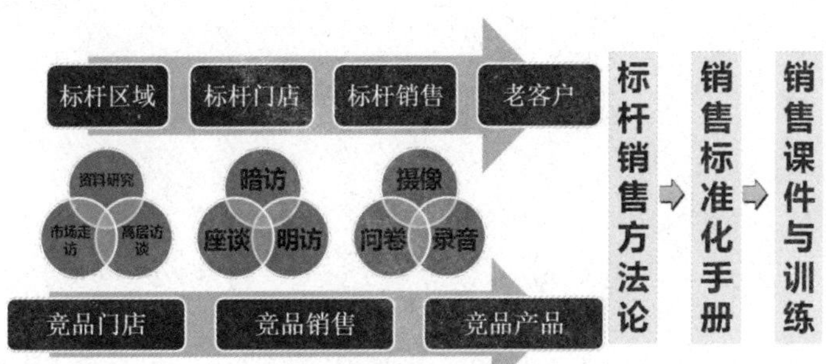

图4-4　SOP销售手册操作方法

第五章 门店督导标准化手册

没有有效的督导就没有真正的连锁，督导体系是连锁体系三大支柱之一。

连锁体系运营系统确立了连锁店的操作标准与流程，输出系统使运营系统的标准与流程得以复制，督导系统则是运营系统标准复制的保证。三大系统相辅相成、相互促进，任何一环的破坏都将影响到整个连锁体系的成功建设，避免出现连锁企业 SOP 标准化体系贯彻难、门店开业后培训难以到位、辅导效果差等问题。

在督导巡检过程中，有加盟商质疑，总部来店里指指点点，对自己到底有什么帮助？在这些加盟商看来，总部没有真正站在他的角度上帮他赋能，而是在监控他。

最后导致“老板没有安全感、督导没有成就感、加盟商没有帮助感、店长非常反感督导”。

门店督导是企业政策执行者、标准化的辅导者、业绩诊断改善者、发现问题解决者、区域业绩提升者、门店人才培训师。

一流的门店标准，需要一流的训练体系；

一流的执行体系，需要一流的监督考核。

一、督导标准化复制5步法

让督导知道做什么，怎么做，做到什么标准，什么可以做，什么不可以做。

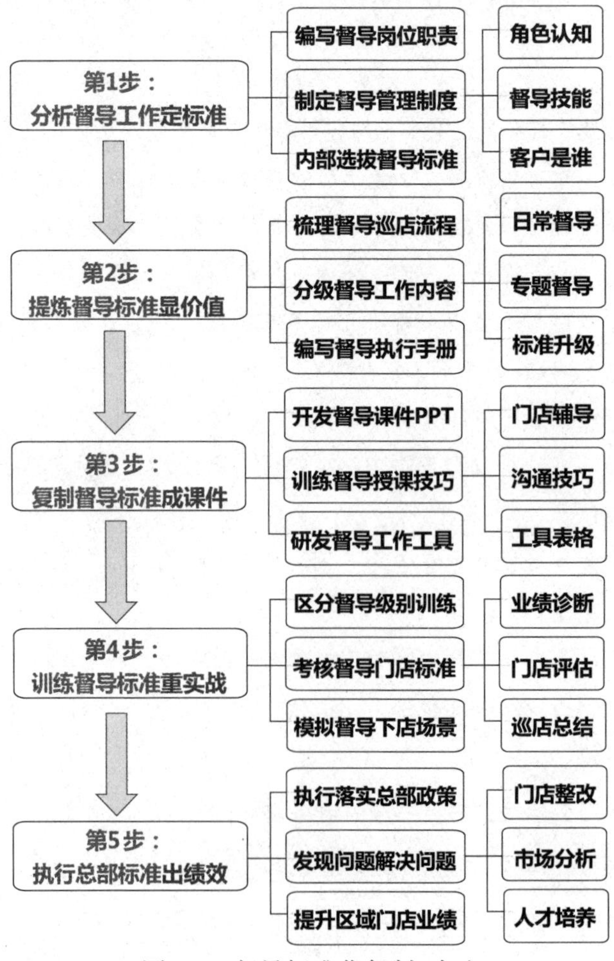

图5-1　督导标准化复制5步法

督：执行政策，发现问题；导：解决问题，培训辅导；督导：区域门店业绩提升者。

1. 分析督导工作定标准

（1）编写督导岗位职责：明确督导在门店运营中的具体职责和角色，如企业政策执行者、标准化辅导者、业绩诊断改善者等。

（2）制定督导管理制度：建立督导工作的管理制度和流程，确保督导工作的规范性和有效性。

（3）内部选拔督导标准：根据岗位职责和管理制度，选拔符合标准的督导人员。

2. 提炼督导标准显价值

（1）梳理督导巡店流程：明确督导在巡店过程中的具体步骤和流程，确保督导工作的系统性和连贯性。

（2）分级督导工作内容：根据门店的实际情况和督导人员的专业能力，将督导工作内容进行分级，以便更好地指导和监督门店运营。

（3）编写督导执行手册：将督导的岗位职责、管理制度、巡店流程和工作内容等编写成执行手册，供督导人员参考和执行。

3. 复制督导标准成课件

（1）开发督导课件 PPT：将督导的岗位职责、巡店流程、工作内容等制作成 PPT 课件，便于督导人员进行培训和学习。

（2）训练督导授课技巧：对督导人员进行授课技巧的培训，提高其培训能力和水平。

（3）研发督导工作工具：开发适用于督导工作的各种工具，如督导巡店计划表、门店标准化督导表等，以提高督导工作的效率和准确性。

4. 训练督导标准重实战

（1）区分督导级别训练：根据督导人员的级别和专业能力，进行有针对性的训练和指导。

（2）考核督导门店标准：通过模拟实战、案例分析等方式，对督导人员进行门店标准执行情况的考核。

（3）模拟督导下店场景：模拟督导下店的实际情况，让督导人员在模拟环境中进行实战演练，提高其应对各种问题的能力。

5. 执行总部标准出绩效

（1）执行落实总部政策：督导人员要确保总部政策在门店得到有效执行，并对执行情况进行监督和反馈。

（2）发现问题解决问题：在巡店过程中，督导人员要及时发现门店运营中存在的问题，并提出切实可行的解决方案。

（3）提升区域门店业绩：通过标准化复制5步法的实施，督导人员要不断提高区域门店的业绩水平，为公司创造更大的利润。

附：督导标准化技能重要性打分

表5-1　督导标准化技能重要性打分

手册名称	1分	2分	3分	4分	5分
督导岗位职责					
督导每日工作流程					
督导每月工作流程					
督导月度工作总结					
连锁总部政策执行					
门店业绩诊断方法					
门店整改通知表格					
督导角色认知					
督导巡店计划					
督导培训计划					
督导晋升设计					
督导KPI考核					
督导巡店报告表					

续表

手册名称	1分	2分	3分	4分	5分
督导月度绩效评估					
督导宣言编写					
门店问题分析					
市场调研分析					
门店活动促销					
督导培训辅导方法					
门店标准化督导表					
驻店督导检查反馈					

二、门店督导的作用和角色认知

（一）督导宣言

我为公司政策落地负责，我为区域业绩提升负责。

我不仅要发现问题，更要解决问题；我不仅要检查标准，更要预防问题；我不仅要培训辅导，更要提升业绩；我不仅要分析市场，更要制定策略。

我巡店让门店标准化能落地而感到价值；我指导店长经营门店能盈利而感到高兴；我辅导销售能独立成交客户而感到开心；我诊断门店现状让业绩增长而感到振奋；我协助加盟商开多店能赚钱而感到自豪。

我就是门店参谋长，我就是门店培训师；我的成功就是协助区域门店成功而成功；加油，为区域市场持续盈利全力以赴。

（二）门店督导的作用

海尔集团创始人张瑞敏在比较中日两个民族的认真精神时曾说：“如

果让一个日本人每天擦桌子6次，日本人会不折不扣地执行，每天都会坚持擦6次。可是如果让一个中国人去做，那么他在第1天可能擦6次，第2天可能擦6次，但到了第3天，可能就会擦5次、4次、3次，到后来，就不了了之了。”所以，需要检查机制，门店督导标准化复制。

1. 经营指导作用

督导具有非常丰富的实战经验并受过专业培训，且具有信息化优势，能给门店带去价值。相对于一家门店而言，督导能够掌握负责的几家门店信息，对大商圈的各种信息了解得更加充分。平时，督导应该多磨炼自己的敏感度，收集和检测门店的各种相关信息，在此基础上从事门店经营指导活动。

2. 规范化管理的作用

每次巡查门店时，督导都要根据门店核查表的每项内容逐项进行检查，并与店主进行确认。督导巡视完门店后，还要将指导、检查的结果和问题做成书面报告并提交给总部，而经验更加丰富的区域经理通过书面报告就能判断督导的指导是否恰当，是否存在被忽视的问题，如有不妥之处，可以迅速加以纠正，确保给予门店及时准确的指导。

3. 示范作用

督导必须亲自动手，为门店示范。例如，7-Eleven督导见到失去鲜度的商品时，会立即将商品丢弃，不会指示店员去做；督导每次巡视门店时，会在腰间别着一把毛刷，发现灰尘时，会向店主请示如何用毛刷轻轻地将灰尘抹去，而不是挥舞着打扫，以免将灰尘掸到其他商品上。

4. 好领导：从“警察”到“教练”

管理之难，难在管理是日积月累的反复实践，难在管理是要持续盯住过程要结果。所谓“从警察到教练”，就是从盯结果到盯过程，从追责任到追问题，从“重管控”到“重赋能”。

王君到西贝已有 14 年，他的经验是“干一行，爱一行”“只有真正用心干，才能在工作中得到乐趣”，或者说“只要真正用心干，就能在工作中取得成果”。

食品安全大如天，王君喜欢鸡蛋里挑骨头，一发现问题，就拍照发到群里曝光。分部总经理李凤兰看见了就噼里啪啦开骂，当事人也灰头土脸。王君一旦发现过期食品，相关责任人当月奖金为零。结果，王君每次到门店，伙伴就互相使眼色：“警察”来啦。王君有“诗”为证。

下店巡查，犹如瘟神；爱理不理，自我陶醉。

横拍狂扫，曝光表功；久而久之，麻痹不理。

过期食品，绩效为零；集体抗拒，差点嗝屁。

百思其解，郁闷崩溃；要死要变，二者选一。

西贝首席运营官张慧有句名言：“企业管理就是问题管理。拿罚款当真理，傻 × 都能搞管理。”王君从“警察”到“教练”，完善食品安全管理制度，携手门店食品安全系统对接每日工作，现场有效培训与帮带。王君有“诗”为证。

进店帮带，笑脸相迎；主动参与，虚心学习。

提出问题，喜悦接收；论人论事，逐一改善。

一起生发，采取措施；文字签收，督促复查。

勤查勤改，确保无患；跟踪复查，完全彻底。

一天中午，王君发现一名工匠厨师的抹布是干的，没消毒，就走到这位工匠厨师身边，请他自己拍一张照片发到群里，自己分享西贝抹布使用标准是什么，自己在今天工作中发生了什么，真因是什么，如何改善，最后加一句“下次绝不再犯”。李凤兰和伙伴们都看见了，没有一句指责，反而接龙点赞。

（三）督导角色认知

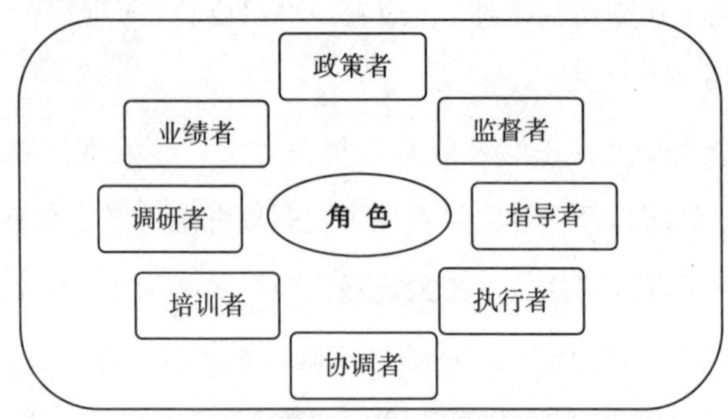

图5-2　督导的8大角色认知

督导，是标准化的推动者，门店标准化的推动者，门店政策的推动者，既是推动者又是检查者，要检查哪些门店的指标，门店的卫生，门店执行的标准。检查完之后，还要针对某些人来做培训，才能更好地把标准化落地，而并不只是检查。然后，进行辅导和迭代，就是标准化进行迭代。

督导，“督”就是检查、推动的意思；“导”是培训者和辅导者的意思。这里我加了一个迭代者，迭代者就是他要把标准化呈现出来，因为标准化不是一成不变的，永远要更新，所以要进行不断的迭代和更新。

一句话，督导扮演的角色有推动者、检查者、培训者、辅导者和迭代者。

表5-2　辅导流程

我说你听	为什么要做这个，有什么好处，坏处，怎么做，流程几步。 1.为什么：这件事对公司/对你个人的意义是什么，重要性有多高。 2.是什么：我接下来要你做什么事。 3.怎么做：我建议你怎么做：拆解任务、建立流程、强调重点
你说我听	听他说，能不能理解，并完整地表述出来（店长可以补充）
我做你看	先准备什么，第1步，第2步，第3步，特别要注意什么
你做我看	他做的步骤对吗，哪些做得比较好，哪些需要完善（店长可补充）
做得好+赞美	1.做得不错，没有想到，你第一次就做得这么好。 2.我就知道你没有问题，你天生就是吃这一碗饭的。 3.你掌握得很好，不但流程对，动作和理解都很好

续表

做不好+改善	1.刚开始是有一点不熟练，在那方面差一点，应该怎样。 2.不用担心，我刚开始做了3次才好，你做得比我要好了。 3.很多新人在这个环节都比较容易出错，应该这样，我们再来一遍
老员工常检查 你做给我看	1.他在做工作时，看着他做（如接待客户、商品陈列等）。 2.找他过来，让他说一遍，做一遍（如卫生、销售话术等）

这里，重点说一下迭代者。

店长日常涉及工作检查、人员管理、设备管理等。人员管理，如顾客服务、防盗安全等，人员的检查、人员的出勤、岗位工作、空间、灯光设备等。当然，这里没有统一的标准，每家公司都可能不一样，如果是超市，可能还有生鲜或食品以及临期产品，就是产品快要过期了。

1. 根据公司要求来设置督导的工作项目

公司要根据自己的要求来设置检查的工作项目。然后，设定检查表，内容包括商品陈列、商品价格、商品保质期、库存、DM（门店前的海报）、气氛设置、音乐播放、商品配置、畅销滞销、陈列等。

巡店时，要查看店外店内。店外，门头有没有损坏，灯光行不行，招牌行不行，海报铺得怎么样，有没有按时按点开灯。比如，有些人一忙，就会忘了关灯。当然，如果门店的位置特别，为了打广告，可以不关灯，让门头灯一直亮着。店内，内容非常多，如 POP 等，要根据不同的内容、不同的条款来填写。

表格设计好之后，督导先进行修改，改成适合自己公司后，完成检查评估，然后迭代。

2. 形成口诀化，让人们能够记得住

人们常说的“三大纪律，八项注意”，就是口诀化。跟客户沟通，或跟员工沟通，也会形成口诀，如“3 懂”“3 会”，7 个步骤、6 脉神剑，8 个步骤、6 个方法等，都便于员工记住。

（1）易操作。只有记得住，才能用得上；用得上，考核才有效。通常，口诀也不要太多，不要超过 9 句，否则就很难记住，记不住的标准化，是无效的标准化。

（2）让你做对。“敌进我退、敌驻我扰、敌疲我打、敌退我追”，是我党的16字方针；而大步进退、诱敌深入、集中兵力、各个击破，游击战里操胜算，运动战中歼敌人，是游击队的基本原则。所以，标准化就是让你做对。

（3）你会做。训练体系就是确保你会做，督导体系就是让你持续地做对，所以标准化就是手册，训练体系就是人才的复制体系，督导体系就是确保能够会做。任正非提到“3化”，就是说你有标准化。做标准化就意味着改变，每一次改变其实都很难，所以，公司做出标准化之后要及时填表格，做汇报。

3. 先僵化，后优化，再固化

企业的每一次更新和组织的变革都非常艰难，如果老板或高层没有魄力，每一次改革和变革都有可能以失败告终，所以先僵化，都不要动，按照这个方法执行。执行一两个月之后进行优化，哪个地方要改，然后再改改改。改完之后，进行固化，以后就按照这个流程和方法来操作。也就是说，提炼了标准化之后，一定会有很多人反对，应对的办法就是先僵化，后优化，再固化。

关于连锁门店标准化，怎样才能更新迭代？门店确实可以迭代，每一次迭代都是为了让客户更好地理解，每一次迭代都是为了让我们更好地服务客户，每一次迭代都可以让我们更容易操作，降低成本，更好地理解、服务客户。

案例分析：万科标准化的迭代

万科标准化的迭代：第1步，温馨牵手；第2步，喜结连理；第3步，亲密接触；第4步，恭喜乔迁；第5步，嘘寒问暖；第6步，承担责任。后来实现了升级，温馨牵手就是第一次来参观房子，然后喜结连理、亲密接触、隆重出阁、恭喜乔迁，举案齐眉，一路同行，持续关怀。

以前乔迁时都是嘘寒问暖，现在是恭喜乔迁，每一步的优化都能让客户接受。这也是5步法，以前在跟客户沟通和交流的情况下，先认知客户、了解客户、帮助客户、理解客户、感动客户，最后成就顾客。

标准化能够让我们工作有流程、有方法，更好地服务客户和企业，不能为了标准而标准。比如，客户的体验流程，看房、签约、等待、交付、房修、投诉和居住，客户信息要全面，比如，是第一次买房还是第二次买房，要买多大的，孩子在哪里读书，是投资还是自住。然后，态度热情、讲解详细、理解客户的需求等。

这样做，不仅可以服务客户，还便于我们自己理解和操作，以及培养人才，未来也能对这些进行考核。比如，看房，有4个步骤，究竟是哪四个？要讲解得出来，包括体验流程是怎么样的。

三、督导辅导的作业流程

1. 督导辅导的作业流程

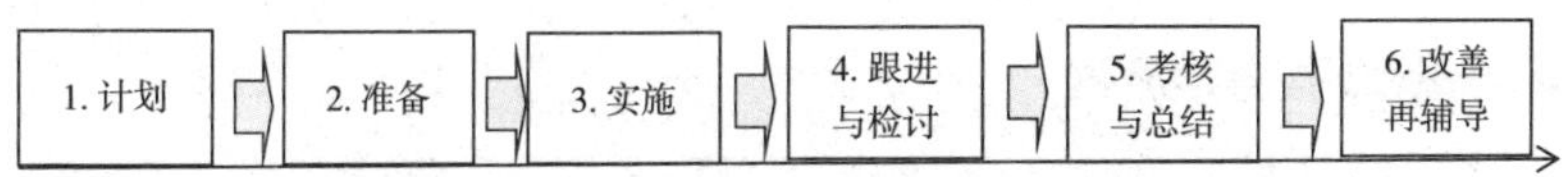

图5-3　督导辅导的作业流程

2. 巡店作业流程

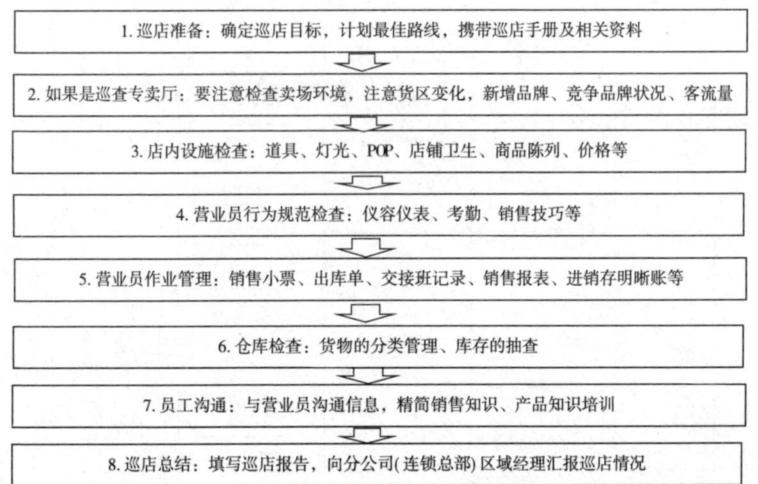

图5-4　巡店作业流程

3. 督导员例行督导流程

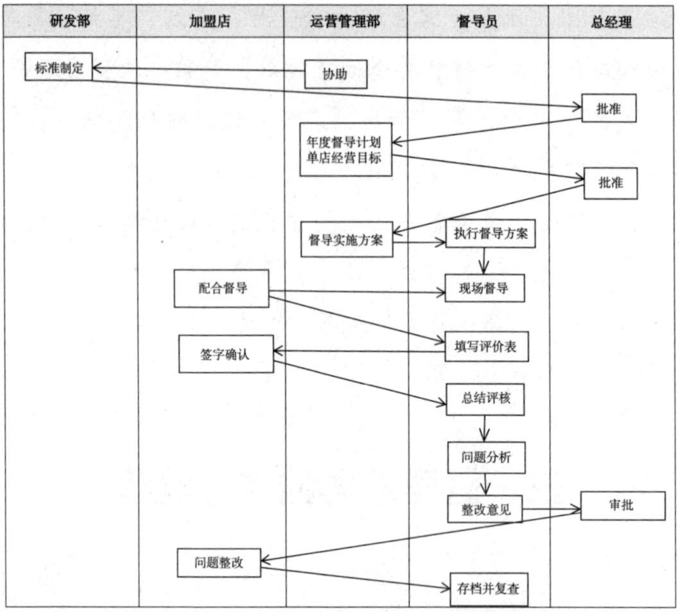

研发部
加盟店
运营管理部
督导员
总经理
标准制定
协助
批准
年度督导计划
单店经营目标
批准
督导实施方案
执行督导方案
配合督导
现场督导
填写评价表
签字确认
总结评核
问题分析
整改意见
审批
问题整改
存档并复查

图5-5　督导员例行督导流程

4. 秘密顾客督导流程

研发部
加盟店
运营管理部
外聘督导员
总经理
制订督导计划
批准
督导实施方案
外聘并培训秘密顾客
加盟店用餐
配合督导
出示证件
现场检查
签字确认
填写评价表
上交检查表
总结评核
意见修改
审评
问题修改
存档并复查

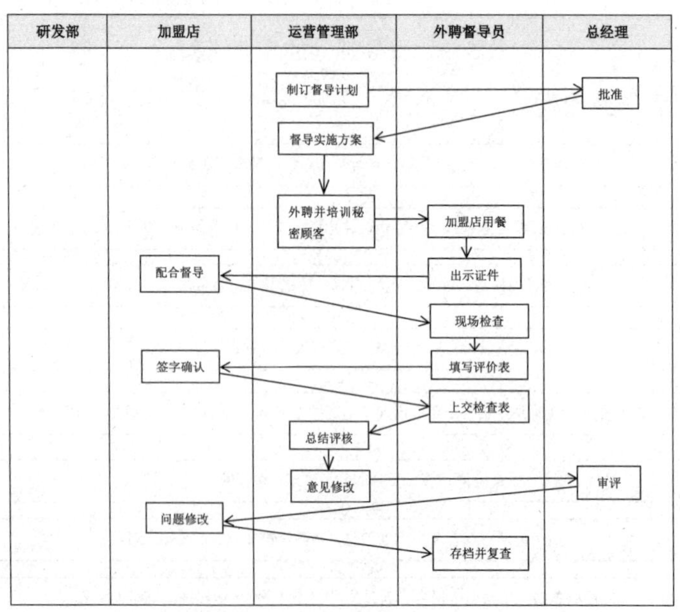

图5-6　秘密顾客督导流程

督导的职业操守：

（1）巡店检查过程不能与门店人员发生争吵。

（2）禁止泄露未经确认的信息及公司商业秘密。

（3）严禁收受他人财物及请客吃饭、陪同游玩。

（4）对门店进行各项工作指导，态度要温和有礼。

（5）巡店工作时间段内严禁从事私人行为。

附：

表5-3　门店标准化管理检查评分表

门店标准化管理检查评分表			总分	
类别	项目	标 准	满分100	评分
店员行为规范	仪容仪表	是否着装统一，工衣整洁、佩戴工牌，脸部有笑容	5	
	行为	门店人员是否有做与工作无关的行为，如聊天、吃零食、微信、上QQ、打私人电话等	5	
	门迎	员工面朝门口，有专人负责门口2米内，主动迎接，出声欢迎	5	
	销售	员工定岗定位，精神饱满，有强烈的销售欲望，空柜，有顾客光临时及时补位	5	
	售后	销售完成后，员工欢送客户，及时整理，清洁柜台	2	
	收银	收银员面带笑容，动作规范，唱收唱付	3	
店面卫生安全	店招	无破损，干净、整齐、照明无黑灯管，定期清理，电子显示屏无缺陷，保持长亮	2	
	店外环境	门店门口视野范围，无杂物、垃圾，促销展示物料堆放整齐，无污渍破损	2	
	玻璃橱窗	透明、无印痕和残留的粘贴物，未经企划部规划不得私自贴海报	2	
	照明灯具	顶部无灰尘、灯罩无脱落	1	

续表

门店标准化管理检查评分表			总分	
类别	项目	标 准	满分100	评分
店面卫生安全	墙壁地面	无污迹、划痕、剥落、无水渍、无垃圾、纸屑	3	
	业务台	营业用具整齐堆放，无污渍灰尘，客户座椅完好无破损、无污渍，无客户时摆放整齐	2	
	收银办公台	整洁、器具整齐、无多余物品、钱票单据清理整齐，分类，销售单，收据摆放在客户视线外	3	
	仓库储物室	陈列整齐、堆放有序，卫生规范，防水良好	2	
	产品展示台	无空机架，无灰尘、无堆积废物、线路整齐，体验机器在客户离开后及时整理，屏幕指纹少于屏幕1/4	3	
店面卫生安全	卫生间	无臭味、地面无水渍、马桶清洁、洗手台物件清洁整齐	2	
	垃圾桶	垃圾不超出3/4，无臭味、有垃圾袋	2	
	柜台	玻璃整洁明亮无灰尘指纹，柜台夹缝无杂物灰尘，柜台完好无破损，灯全亮，柜内铁皮柜（展示堆头）完好，资料堆放整齐，无非营业用杂物	3	
	其他	门店内花草植物摆放整齐，干净无渍，真植物无枯萎黄叶残花，门店内清洁用具，营业员饮水用具摆放在顾客看不到的隐蔽处，店内陈列设施保证可以使用	1	
	安全	上锁，报警锁正常，人离柜台上锁，钱物放置保险柜或规定抽屉。营业结束，整理打扫，不留贵重物品在柜台内，离场关闭所有电源，由值夜人员按规定开启基本照明	2	
产品陈列规范	促销品	促销堆头、海报，吊旗，礼品陈列整齐，完好，手写海报无褪色，无过期促销信息	5	
	柜台出样	使用规范机架，同一柜台不出现两种机架，机架无破损，真机出样装保护套，保护套清洁无破损	5	
	标价牌	标价签填写内容与实物一致，按总部要求统一标价，价格与核价员处使用印章，标价签摆放整齐，一机一价签，门店同一产品不出现两种价格	5	

续表

门店标准化管理检查评分表			总分	
类别	项目	标 准	满分100	评分
产品陈列规范	厂家专区	陈列丰满整齐，道具，促销物料整洁，摆放在指定地点，无闲置货柜，展架（未摆放任何商品）	3	
	配件柜	商品陈列有规则，美观，一物一价签，无空挂钩，悬挂商品包装无破损，无灰尘	3	
	门店音乐	门店音乐（宣传稿）播放音量适中，循环正常	2	
	门店看板	内容及时更新，丰满无空白	2	
信息传达执行	日例会	店长按流程每日召开例会（晨会），并做好书面记录	5	
	周例会	店长每周五召开门店周例会，检查一周新品话术，分析任务完成，布置周末促销	5	
	邮件微信	是否及时接收邮件/微信内容按要求回复，并执行传达到位（检查接收者了解情况）	5	
店面考勤	排班	按正常排班表上班，无私自调班，代班	2	
	签到表	所有人员按实际时间签到，准时上班，无迟到，无旷班，无中途私自离岗	3	
检查人点评：				
亮点：				
不足：				
巡查人签名:		店长签名:		

四、门店督导的沟通能力

懂公司，懂标准，懂落地。

（1）店长：让店长信任合作的沟通方法。

（2）店员：了解店员需求谈心的沟通方法。

（3）上司：和上司建立互信支持的沟通方法。

（4）加盟商：和加盟商分析利益的沟通方法。

美国通用电气公司前 CEO 杰克·韦尔奇曾说过一句名言：“管理就是沟通，沟通，再沟通。”对于管理者来说，有了沟通才能了解下属的想法，才能获取更多的决策信息。对于下属来说，有了沟通，他们才能明白领导交办的工作，才知道执行的方向以及要达到怎样的效果。尤其是在出现重大问题时，惟有沟通才能保证信息的上传下达。所以，强化沟通，才能为执行开辟“快车道”。

1. 明确要求下属在沟通中复述你的意思

给下属交代完一项工作后，不要急着让他离开，要明确要求他“你听懂我的意思了吧？复述一下看看！”先让下属概括地讲述一下这项工作的主要内容，包括：这项工作具体要求做什么？这项工作什么时候完成？要把这项工作做到什么效果？要想做好这项工作，需要和相关的哪些人打交道？

接着，还应让下属复述“完成这项工作需要特别注意什么”，比如，一些工作细节、禁忌等。如果下属能够清晰地复述出这些内容，那么管理者就可以放心地让下属去执行了。

2. 鼓励下属大胆地提出有疑问的地方

有些下属在与上司沟通时碍于面子，遇到不理解的地方时，由于害怕上司责怪他“脑子笨”“理解力差”或责怪他“没认真听”，而不好意思讲出来，于是不懂装懂，想当然地理解上司的意图。结果，导致执行跑偏。

要想预防下属“不懂装懂”的情况发生，可以在与下属沟通时鼓励下属质疑，可以问下属：“你明白我的意思了吗？如果有不理解的地方，你尽管提出来，没有关系的，我们可以进一步沟通。”通过这样的鼓励，可以消除下属提问的心理负担，便于上下级畅通地沟通，把工作交接清楚。

五、门店督导的主要方式

某些连锁企业督导的组织结构大概是这样的，督导总部—督导—督导专员—第三方督导和影子顾客。现在请第三方督导一般都是特别大的公司，因为它要进行专业训练。

有些是请影子顾客，影子顾客可能是顾客，或者是 VIP，本身他就是消费的，把他请到总部或请到区域来，让他做影子顾客，把标准化培训给客户，让他去帮做检查和打分。总部专员就不用讲了，总部肯定要做培训。分部，比如，华南区、华北区有督导专员也一样，也有区域督导。

此外，A 区可以跟 B 区互相督导检查和评估，互相暗访，看一下他们做得怎么样，学习也可以，互相做督导也可以。督导分为巡店督导，就是正常巡店，每天我要来巡店，检查门店的卫生，人员的礼仪，门店正常的陈列等。

再说下驻店。一家新开的店，不会运营，我就驻在店里，跟大家一起来上班，给大家培训和辅导。神秘的顾客，可能是真正的顾客，他买我们的产品；还有一种是外面的人。第三方督导就是专业的咨询机构，类似我们这样，但我一般都不建议请专业的咨询机构去做督导，因为成本比较高。但如果真的需要做督导，或者要做迭代，标准化要做迭代，做更新。

还有一种叫云督导，现在有视频，很方便，监控也可以作为督导的方式。督导在巡店、检查的过程中，不要跟门店的人发生争吵，不要泄露公司的商业机密，也不要以督导为由向门店加盟商、经销商吃拿卡要。对门店各项工作要温和有礼，在巡店期间不要做私人的行为，这是作为督导的职业操守和职业规范。

督导的标准来自前面做的这些标准化，再延伸过来。比如，大单连单，第一，员工到底会不会做大单的连单？第二，他知不知道在什么情况下可以做大单连单，知不知道什么样的客户可以做大单的连单。如果他做了，但没成交，就看一下的是沟通语言不对，还是方法方式不对，是提前了还是推迟了？连单时有个很重要的东西。比如，客户买了一个500元的东西，要想让客户连单，最快的方法是什么呢？要低于500元以下，最好在100多元或50多元，或者跟这个商品进行关联搭配。

如果你的价格高于他第一次买到的这个东西，连单可能就很难成交，所以要看一下销售是不是不懂这个东西，顾客只买500元的东西，销售推荐连单时却推荐2000元的东西，顾客怎么可能买？你很想做连单，但连单的方式搞错了，成功的概率就会很小。如果真的要做连单，应该从一开始；如果要推这么高的产品，就要先识别出客户。然后是做不做的问题，比如，现在要做连单，顾客已经买了1980元，还差200元就可以开会员卡，会员购物可以打九五折，或现在有某个礼品，你买多少钱，就可以赠礼品，是吧？办个会员卡啊，会员卡可以享受什么服务，有积分，可以兑换什么东西，很多东西都是灵活机动的，这就看你做不做的问题。

星巴克做连单时就做得特别好。小杯、中杯、大杯，你点小杯，他就会告诉你“多加3元，可以拿中杯哟！”如果你点中杯，他就说“多加3元，可以拿大杯哟！”简单一句话就可以多增加3元的营业额。

麦当劳、肯德基做连单也一样，“我们现在有什么新产品，您需不需要啊？”如果你不需要，他就不再说了。就简单一句话，能够带动营业额，所以在连单这个方面，就是说做不做的问题要做评估和检查。

在门店标准化的检查方面，如店员的行为、门店的卫生等，我们都有非常完善的表格。如有没有微笑、有没有统一工牌、仪容仪表怎么样，巡店时或遇到神秘顾客时，就可以根据这个标准来评判。比如，现在没有客户来，员工是在嗑瓜子还是在玩手机，抑或是坐在一起聊天，包括卫生、门店的环境、灯光，都属于做检查的内容。此外，还有门店里是否整洁、有没有什么气味、音乐放得对不对、气氛带做得怎么样、商品的陈列、销售的方法技巧、接待等，也是门店督导评估的内容。

作为督导，每周可能都要有一个周报表，供大家做参考。首先，督导哪个门店。一个督导可能管 8 家店，最多 10 家店，如果超过 10 家店，店都巡不过来，所以最多 8~10 家，有些就管三五家。然后，本周重点。到哪个门店去培训辅导，到哪里去巡店，门店遇到什么问题、沟通等，就叫本周的重点工作。接着，下周的工作计划。第一，可以自己规划，比较清晰；第二，可以发给上级，如果上面直接是老板，也可以发给他。

再来看一下另外一种呈现形式。月度工作表。举个例子，某款商品在这个店卖得特别好，在另外一个店却卖不动，那这个店为什么卖得好？是因为他能够做连单，能够做很好的陈列，或者说它可以跟另外一个产品搭配销售，所以，只有把方法尽快提炼出来，分享给其他门店，才能很好地完成业绩目标。同时，你也会备受尊重。大家觉得你很厉害，教了大家很多好方法，你的威望也会越来越高，大家对你也会更加信任和信服。

在经验萃取上可以根据 5W2H 来做。如客户来投诉，什么时间，投诉什么内容，处理的方法是怎么样的，最后取得了什么成果，有什么启发……未来在经验萃取上面，也可以按照这个方法来做。

督导的工作汇报，如今天或这个月你做了什么工作，要给上司进行汇报，在销售过程中存在什么问题，解决建议是什么，需要对接什么，下个月重点的工作和计划是什么……既可以向上汇报，也可以借用这些来进行向下指导。所以，标准化要尽量形成表格化、工具化、结构化。

六、门店的业绩诊断方法论

（一）门店业绩诊断分析图

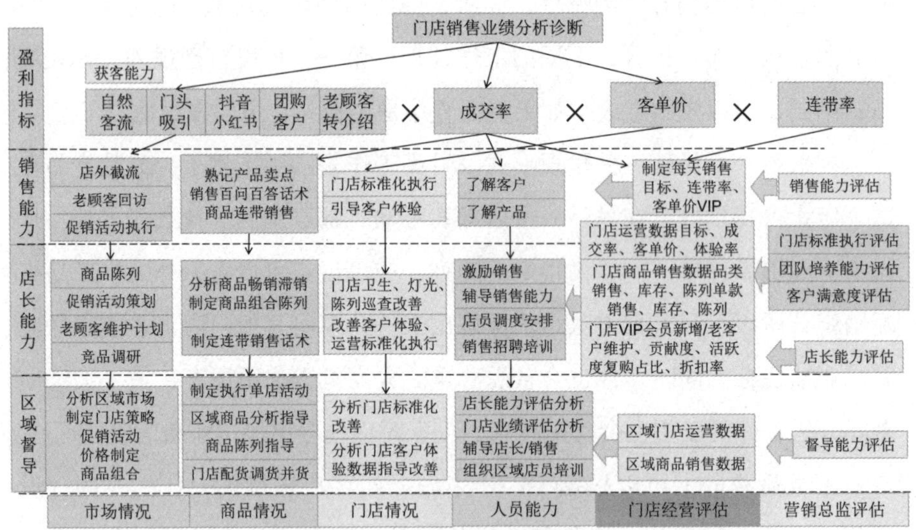

图5-7　店务管理诊断

（二）门店业绩诊断分析：鱼骨图

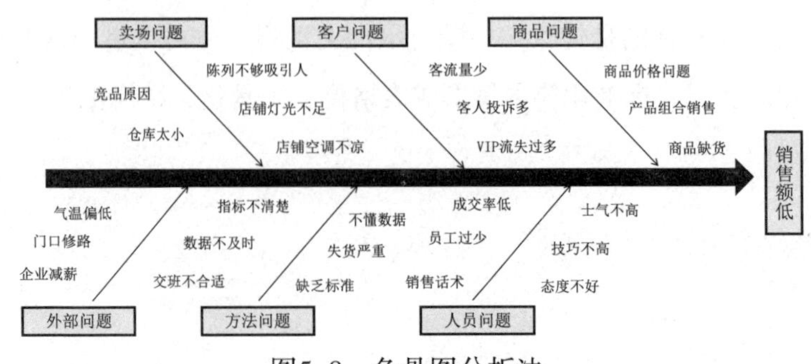

图5-8　鱼骨图分析法

（三）门店业绩诊断分析关键指标

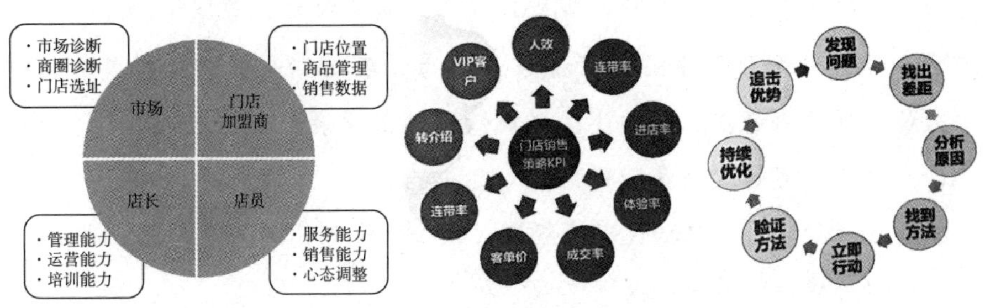

图5–9 门店业绩诊断

七、督导对加盟商的辅导

加盟店辅导流程如图 5–10 所示。

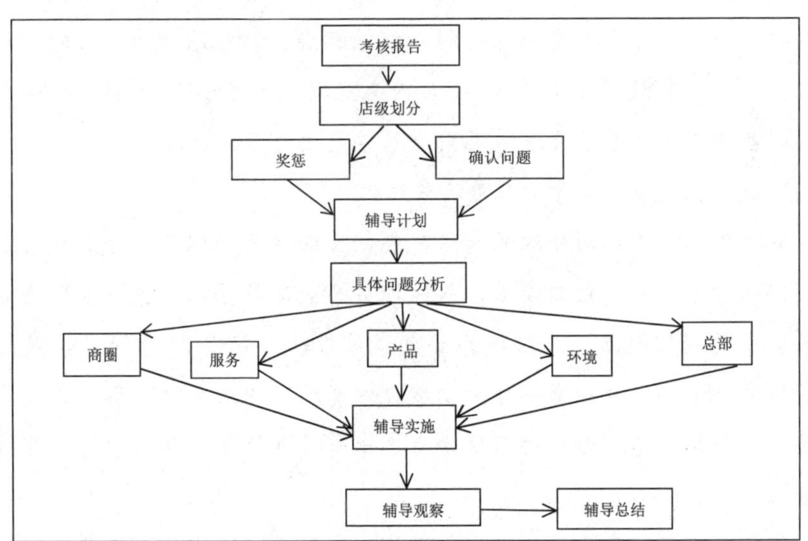

图5–10 加盟店辅导流程

案例分析 1：海底捞的员工激励

为充分调动管理骨干的积极性，将员工个人利益与企业利益更紧密地结合起来，促进企业创新与发展能力不断提高，进一步强化核心竞争力，海底捞制定了管理干部的分红规则。与一线员工相比，管理干部除了基本工资，还额外分享了企业经营成果，因为管理干部是创造经营成果的核心力量。根据海底捞业绩的实际完成情况，由董事会决定分红比例。原则上，分红总额不超过海底捞利润的10%。

分红激励的对象包括优秀店经理、核心职能部门的骨干人员。

1. 优秀店经理的分红权

门店经理所管辖的门店在达到A级店后成为母店，A级店拓展的门店称为子店。

门店经理所辖母店若能一直保持A级店标准，该经理则享受母店税后利润1.5%的分红，如果拓展的子店达到A级店标准，则母店经理可领取子店税后利润1%的分红。如果由于特殊原因，海底捞需要将母店经理调往其他分店工作，则由海底捞指定一家母店为该店经理的分红门店。

母店在某一时间段不能达到A级店标准，海底捞会酌情给予其3个月整改时间，如果3个月内还未达到A级店标准，则取消该店经理的母店分红权。该店所拓展的子店在12个月内未能脱C成功，则店经理的母店分红权将被取消，直至子店成功脱C才可恢复其母店分红权。

2. 核心职能部门的骨干人员的分红权

核心职能部门参与分红的人选，包括在海底捞任职两年以上的核心职能部门的骨干人员、核心专家、总经理办公会成员等。海底捞根据他们的贡献，由总经理提名，总经理办公会成员投票，获得23张同意票数的方可获得分红资格。分红资格分为初级分红资格、中级分红资格、高级分红资格。董事长、总经理及对海底捞有杰出贡献并经董事会同意者可获得全球分红资格。

获得初级分红资格、中级分红资格、高级分红资格者，拥有分得一定比例的当年海底捞国内A级店平均税后利润的权利。具体分红比例由总经理办公会每3年修订一次。

获得全球分红资格者，拥有分得一定比例的当年全公司A级店平均税后利润的权利。具体分红比例由总经理办公会每3年修订一次。

3. 分红权的取消

核心职能部门骨干人员中获得分红资格者，若当年工作有重大失误经总经理办公会讨论并同意，可取消其当年的分红权。

案例分析2：西贝的“先给钱，再干活”

西贝激励的逻辑是“幼儿园逻辑”。所谓“幼儿园逻辑”，就是创造性地、“巧立名目”地发奖金，如果发成固定工资就起不到作用了。

一次，贾国龙送女儿去幼儿园，发现墙上有一大片小红花，每个孩子名字后面都有，老师就是在巧立名目地奖励小朋友。你吃饭好，吃饭小标兵；睡觉好，睡觉小标兵；唱歌好，唱歌小标兵……反正就各种理由奖励你，孩子自从进了幼儿园都很开心。

西贝干部要学会创造性地发奖金，创造性地激励。讲得更直白，就是要学会赚钱之前先分钱，而不是赚了钱之后再分钱。善于分钱，才能越赚越多。2018年西贝年会，4天会议，100多位年轻干部分组上台述职，仅PK奖金就发了300多万元，只要上台参与PK就有奖，每组第一名奖金4万元，最后一名奖金1万元。此外，各创业分部、总部职能部门报上来的年度奖项，百分之百全批。

恒隆广场店是西贝在济南开的第一家店，570平方米，213个餐位。2017年9月22日开业后，生意一直火爆，开业8天营收80万元，季度营收750万元，至今保持着西贝三代店月均营收纪录。店长李阳的绝活儿是爆款营销，“卖大菜”，每天销售额前三的三道菜，可占当天营收三分之一。

他是如何激励团队的？2017年圣诞节，恒隆广场店卖的大菜是“阿克苏苹果烤鸡＋浇汁莜面套餐”，149元一套。早会，他让门店A、B、C 3个区的部长报销售目标，每区50份，共150份。他不肯善罢甘休，每区追加到60份，共180份。平常都是每晚闭餐后统计销售，第二天发提成。

这次变个玩法，先发。每份提成10元，每区600元，每区散服5人，每人任务12份，开卖前，先发钱，每人120元先拿到手。A、B、C三个区PK，第一名奖励100元，第二名奖励5角钱。5角钱的一张票子或一个钢镚儿，现场发给团队，然后拍照，发到门店、支部大群，领导、伙伴全看得见。获奖者分100元，年轻人并不在乎那点钱，关键是很好玩儿，100元跟5角钱比，翻了200倍！

西贝组织的基础逻辑是“赛”。一个人在什么环境和场合最积极？比赛时，李阳在恒隆广场店搞起了内部小赛场，一开始PK，前边有肉后边有狼，就变成自我驱动了。

八、门店督导标准化手册复制工具

工具1：门店督导巡店计划

表5-4　门店督导巡店计划

店铺:		日期:		
地址:		填表人:		
店铺硬件考核 好/是		巡视情况评估		
		中/否	差	
店外				
1	店门有否损坏及清洁			
2	招牌有否损坏及清洁			
3	是否有按公司规定粘贴海报并且平整			
店内				
1	店内货架的布局是否能方便消费者的导入？并能最大限度地展示商品？			
2	货品的陈列是否整洁规范，能否体现价值感			
3	店内的卫生情况是否干净无异味？			

续表

4	店内的商品是否按照公司的规定进行陈列的？			
5	POP和画册是否过季、破损，摆放位置是否合适？			
6	商品正面是否面向顾客？			
7	店内是否有充足的货品？			
8	灯光是否完好？			
9	陈列是否符合规范公司规定？附近有无相关货品？			
10	库房是否干净整齐，一目了然？			
11	库房是否有未出的货物？			
12	店铺的播放音乐是否正常？			

工具2：门店标准化督导表

表5-5　门店标准化督导表

区域	检查项目	检查内容	检查周期	资料文件	报表周期	备注
日常工作管理	卖场基本要求	卖场清洁卫生检查/通道整洁、畅通/橱窗清洁明亮	随时	/	月报	
		卖场灯光/温度/音响检查/大屏幕	随时	/	月报	
		卖场秩序检查（高峰期安排）	随时	/	月报	
		交接班及班前班后会（吃饭登记）	每天	/	月报	
	顾客服务	客服顾客服务：存包/退换货/赠品/投诉	每天	/	周报	
		收银监督：收银准确/顾客服务	每天	/	周报	
		送货监督	随时	顾客送货单	月报	客服提供
	防盗/安全管理	员工防盗监督（员工离岗/串岗）	随时	/	月报	
		防损岗位/便衣工作监督	随时	/	月报	
		防盗标签检查（单价30元以上，60%，小件高价）	随时	/	月报	
		各区域安全/消防监督	随时	/	月报	

续表

区域	检查项目	检查内容	检查周期	资料文件	报表周期	备注
人员管理	人员出勤监督	员工出勤/调班/休假监督	每天	出勤报表	月报	各部门（人事）
		员工仪容/仪表监督	随时	/	月报	
	岗位工作监督	员工岗位工作监督	随时	/	月报	
		员工精神面貌监督	随时	/	月报	
		员工流程执行	随时	/	月报	
	人员掌握	各部门主管对本部门人员管理及掌握	随时	/	月报	
		各部门主管对本职工作管理	随时	/	月报	
设备管理	空调	空调温度监督	随时	/	月报	
	灯光照明	照明/招牌/橱窗开关时间监督	随时	/	月报	
	冷冻/冷藏设备	每天三次检查温度情况	随时	/	月报	
	其他设备	购物篮/车监督/拉货车（清洁/防盗/安全等）	随时	/	月报	
		其他设备使用监督	随时	/	月报	
		办公物料/耗材/车辆使用监督	随时	出车料/领料表	月报	
商品管理	商品配置	畅销品/滞销品管理（45天不动销/畅销缺货）	每周	2：8原则	月报	
		市调缺货商品补充情况（新品/促销商品）	每周	市调表	月报	
		卖场商品合理性	每周	分析建议书	月报	
	商品陈列	营业前生鲜商品陈列率达80%以上	每天	/	周报	
		常态商品陈列率100%（无滞留仓库商品）/清洁监督	每天	仓库电脑库存	周报	收货组提供
		货架商品陈列是否达标（先进先出原则、立体前进原则）	每天	/	周报	

续表

区域	检查项目	检查内容	检查周期	资料文件	报表周期	备注
商品管理	商品陈列	堆头、端架陈列是否达标（饱满、整齐/N架不超2个单品）	每天	/	周报	
		缺货标签标示正确率100%及标签数量	三天	/	周报	
	商品价格	价格标签正确率100%	每天	标签跟踪表	周报	营运提供
		POP标签正确率100%	每天	标签跟踪表	周报	营运提供
		每次市调价格高出不能超过40%（数量）（售价过低）	每周	市调表	周报	
		商场毛利/毛利率跟踪	每周	电脑毛利率	周报	
	商品保质期/退换货/孤儿商品	商品保质期跟踪及保质期处理跟踪	每天	保质期跟踪表	周报	营运提供
		商品退/换货跟踪	每天	退/换货汇总表	周报	收货组提供
		孤儿商品还原跟踪（卖场定时还原）	不定时	/	周报	
	商品库存	仓库库存跟踪	不定时	仓库电脑库存	月报	收货组提供
		中转仓库存跟踪：库存标签是否正确/库存量是否合理/中转仓是否定时整理/中转仓其他问题（单箱不超三个）	不定时	/	月报	
		收货跟踪：收货准确性/及时性/退货及时性/单据流程	不定时	/	月报	
	DM海报追踪	海报执行前一天跟踪海报商品到货情况	海报前	海报	海报当月	企划部
		海报当天价格/陈列跟踪	海报时间	海报	即时	
		海报执行过程中商品/价格/陈列/销售跟踪	海报时间	海报	即时	

工具3：门店督导每周报表

表5-6 门店督导每周报表

督导第____周周报

<table>
<tr><td colspan="2">日期：</td><td></td><td>督导：</td><td></td><td></td><td></td><td></td><td></td></tr>
<tr><td rowspan="2">店名</td><td colspan="3">周</td><td colspan="3">月销售指标</td><td colspan="2">补货安排</td></tr>
<tr><td>目标</td><td>实绩</td><td>周达成率</td><td>目标</td><td>累积业绩</td><td>累积达成率</td><td>补货时间</td><td>补货金额</td></tr>
<tr><td></td><td></td><td></td><td></td><td></td><td></td><td></td><td></td><td></td></tr>
<tr><td></td><td></td><td></td><td></td><td></td><td></td><td></td><td></td><td></td></tr>
<tr><td></td><td></td><td></td><td></td><td></td><td></td><td></td><td></td><td></td></tr>
<tr><td></td><td></td><td></td><td></td><td></td><td></td><td></td><td></td><td></td></tr>
<tr><td></td><td></td><td></td><td></td><td></td><td></td><td></td><td></td><td></td></tr>
<tr><td></td><td></td><td></td><td></td><td></td><td></td><td></td><td></td><td></td></tr>
<tr><td colspan="9">本周工作行程摘要：</td></tr>
<tr><td colspan="9">星期一：</td></tr>
<tr><td colspan="9">星期二：</td></tr>
<tr><td colspan="9">星期三：</td></tr>
<tr><td colspan="9">星期四：</td></tr>
<tr><td colspan="9">星期五：</td></tr>
<tr><td colspan="9">星期六：</td></tr>
<tr><td colspan="9">星期日：</td></tr>
<tr><td colspan="9">本周各店督导工作要点及问题与建议：</td></tr>
<tr><td colspan="9">下周工作行程计划：</td></tr>
<tr><td colspan="9">星期一：</td></tr>
<tr><td colspan="9">星期二：</td></tr>
<tr><td colspan="9">星期三：</td></tr>
<tr><td colspan="9">星期四：</td></tr>
<tr><td colspan="9">星期五：</td></tr>
<tr><td colspan="9">星期六：</td></tr>
<tr><td colspan="9"></td></tr>
</table>

工具4：门店督导巡店报告表

表5-7　门店督导巡店报告表

店铺：		日期：		
地址：		填表人：		
店铺硬件考核 好/是		巡视情况评估		
		中/否	差	
	店外			
1	店门有否损坏及清洁			
2	招牌有否损坏及清洁			
3	是否有按公司规定粘贴海报并且平整			
	店内			
1	店内货架的布局是否能方便消费者的导入？能最大限度地展示商品？			
2	货品的陈列是否整洁规范，能否体现价值感			
3	店内的卫生情况是否干净无异味？			
4	店内的商品是否按照公司的规定进行陈列的？			
5	POP和画册是否过季、破损，摆放位置是否合适？			
6	商品正面是否面向顾客？			
7	店内是否有充足的货品？			
8	灯光是否完好？			
9	陈列是否符合规范公司规定？附近有无相关货品？			
10	库房是否干净整齐，一目了然？			
11	库房是否有未出的货物？			
12	店铺的播放音乐是否正常？			

表5-8　服务考核表

序列	评估	好/是	中/否	差
1	营业员的工作态度是否积极			
2	是否了解新品上市的陈列及搭配指导			
3	是否清楚商品的卖点			

续表

序列	评估	好/是	中/否	差
4	是否了解当季商品			
5	是否明晰店内的销售情况			
6	是否穿着整齐，形象整洁			
7	店员精神面貌是否饱满			
8	客人进入店内，店员是否有准确的招呼用语？并且面带微笑			
9	迎宾时，店员是否有停止手边工作，以表示尊重？并且面带微笑			
10	问候时，肢体语言是否正确，有无微笑，目光是否与顾客正面接触			
11	客人浏览商品时，店员是否有保持距离且目光温和，随时准备接待顾客			
12	询问顾客对商品意见的时机是否恰当			
13	询问顾客的技巧与方法是否能让顾客感觉轻松自然			
14	是否能通过顾客的特征赞美顾客，拉近与顾客的距离			
15	在推销商品时，是否已经事先探询顾客的意见			
16	有无积极地向顾客展示商品			
17	能否正确回答顾客对商品知识提出的疑问			
18	谢绝顾客时，语言是否委婉			
19	是否同样热情接待顾客的同伴，并能根据顾客同伴的意见灵活促销			
20	在帮助顾客下判断时，是否运用正确的行业知识			
21	能否具体描述商品的特性，强化商品的优点			
22	并依照顾客不同的需求，提出相应的促销卖点			
23	是否积极主动地引导顾客			
24	在帮助顾客找货换货时，是否积极主动，语言礼貌表示尊重			
25	引导顾客的动作是否准确			
26	对顾客是否能诚恳地多加赞美			

续表

序列	评估	好/是	中/否	差
27	需要顾客服务时，是否有用请求用语，而不是命令话语			
28	需要顾客服务时，是否有用感谢用语。如感谢、谢谢惠顾等			
29	是否积极主动引导顾客产生联想，激发顾客的潜在需求			
30	在引导说服顾客时，是否运用客观的知识而不是主观意见强加到顾客			
31	是否能根据顾客的历史消费记录，来进行销货组合推荐			
32	店员是否主动引导顾客到收银台结账			
33	收银员在现金找付时，是否唱收唱付			
34	客户结账后，店员是否询问顾客有无其他需求			
35	客户在要出店门前，店员是否礼貌送客			
36	是否主动询问客户有无名片，进一步完善资料			
37	在让客户填写资料时，是否向顾客说明资料卡的用途			
38	客户资料卡是否有妥善管理			

第六章

门店人才训练标准化：训战结合

连锁品牌经营，表面上是门店连锁，实际上是人才复制。

训练体系：将门店标准化落地执行、从知道到店员能够做到、连锁门店人才批量复制、有 PPT 课件和内部讲师、建立企业人才孵化中心。

一、门店人才训练标准化复制5步法

培训，是让员工知道。

训练，是让员工知道并做到。

培训。主要任务是向员工传达公司的文化、价值观、规章制度以及岗位的基本要求。通过培训，员工能够初步了解公司的运营模式和自己的工作职责，为后续的工作打下基础。培训方式可以包括课堂讲解、视频教学、在线学习等。

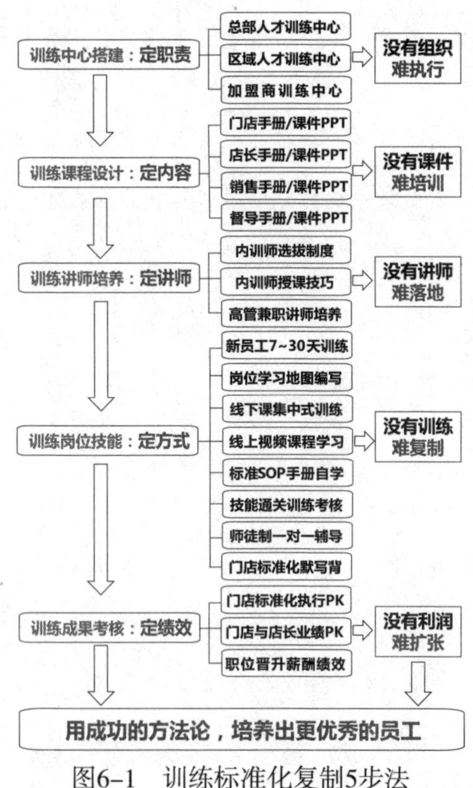

图6-1　训练标准化复制5步法

训练。员工了解了基本知识和要求后，需要通过训练让他们将所学知识转化为实际行动。训练可以包括模拟操作、角色扮演、案例分析等，让员工在实践中掌握技能，并熟练应用到工作中。这一阶段的目标是确保员工能够独立完成工作任务，并达到公司的标准。

训练标准化复制5步法是一种系统性的培训方法，旨在通过标准化的流程和内容，提高员工的专业素质和工作能力，从而实现企业的战略目标。以下是基于相关的信息整理的训练标准化复制5步法。

1. 训练中心搭建：定职责

（1）总部人才训练中心。负责整体培训战略的制定、培训资源的整合和分配，以及核心课程的开发和维护。

（2）区域人才训练中心。根据区域特点，提供有针对性的培训课程和支持，确保培训内容与当地市场需求相契合。

（3）加盟商训练中心。为加盟商提供必要的培训和支持，确保加盟商能够理解和执行企业的标准和流程。

2. 训练课程设计：定内容

（1）门店手册/课件PPT。提供门店日常运营管理的标准化流程和规范，确保门店运营的统一性和规范性。

（2）店长手册/课件PPT。针对店长的职责和需求，设计专门的培训课程，提升店长的领导力和管理能力。

（3）销售手册/课件PPT。提供销售技巧和策略的培训，帮助销售人员提高销售业绩。

（4）督导手册/课件PPT。为督导人员提供培训，确保他们能够有效地监督和指导门店的运营。

3. 训练讲师培养：定讲师

（1）内训师选拔制度。建立科学的内训师选拔制度，选拔具有专业知识和教学能力的员工担任内训师。

（2）内训师授课技巧。对内训师进行授课技巧的培训，提高他们的教学水平和互动能力。

（3）高管兼职讲师培养。鼓励企业高管参与培训工作，担任兼职讲师，分享他们的经验和见解。

4. 训练岗位技能：定方式

（1）新员工 7~30 天训练。为新员工提供系统的入职培训，帮助他们快速适应企业文化和工作环境。

（2）岗位学习地图编写。为每个岗位编写详细的学习地图，明确员工在不同阶段需要掌握的知识和技能。

（3）线下课集中式训练。组织线下集中式的培训课程，通过面对面的交流和实践，提高员工的实际操作能力。

（4）线上视频课程学习。利用线上平台提供视频课程，方便员工随时随地进行学习。

（5）标准 SOP 手册自学。提供标准的操作流程手册（SOP），鼓励员工自主学习和掌握标准流程。

（6）技能通关训练考核。通过模拟实战、案例分析等方式，对员工进行技能通关训练，并进行考核以确保培训效果。

（7）师徒制一对一辅导。建立师徒制度，由经验丰富的老员工对新员工进行一对一的辅导和指导。

（8）门店标准化默写背。通过默写、背诵等方式，加强员工对门店标准化流程和规范的理解和记忆。

5. 训练成果考核：定绩效

（1）门店标准化执行 PK。组织门店之间的标准化执行 PK 活动，激励门店和员工积极执行标准化流程和规范。

（2）门店与店长业绩 PK。通过业绩 PK 活动，激励门店和店长努力提高销售业绩。

（3）职位晋升薪酬绩效。将培训成果与员工的职位晋升、薪酬绩效等挂钩，激励员工积极参与培训并不断提升自己的能力。

通过以上5个步骤，企业可以建立一套完善的训练标准化复制体系，提高员工的专业素质和工作能力，从而实现企业的战略目标。

训练标准化复制5步法旨在通过系统化的流程，确保训练内容、方式和效果的标准化，从而提高整体训练效率和质量。

1. 定职责

明确各级训练中心（总部人才训练中心、区域人才训练中心、加盟商训练中心）的职责和角色，确保各方在训练过程中能够各司其职、协同合作。

2. 定内容

根据训练需求，设计并确定训练课程的内容，包括门店手册、课件PPT、店长手册、销售手册、督导手册等，确保训练内容的全面性和针对性。

连锁总部训练体系
老板就是“校长”
高层就是“讲师”
标杆就是“老师”
同事就是“同学”
市场就是“课程”
问题就是“大纲”

3. 定讲师

选拔和培养优秀的内训师，制定内训师选拔制度和授课技巧培训，同时鼓励高管兼职讲师，以丰富训练师资力量和提高训练质量，最好的老师就在企业内部。

4. 定方式

结合新员工入职时间和岗位需求，设计多样化的训练方式，如新员工7~30天训练、岗位学习地图编写、线下课集中式训练、线上视频课程学习、标准SOP手册自学、技能通关训练考核、师徒制一对一辅导等，以满足不同员工的训练需求。

5. 定绩效

通过门店标准化执行 PK、门店与店长业绩 PK、职位晋升薪酬绩效等方式，对训练成果进行考核和评估，确保训练效果能够得到有效衡量和提升。

案例分析：华住

华住的上千家门店，分布在中国数百个城市，各个城市发展水平参差不齐；华住的酒店品牌，从经济型到中档，从中高档到豪华，在每个细分领域都形成矩阵；华住除了加盟店，还做直营店……门店分布广、细分品牌多、业务链条长、日常工作细、发展速度快，所有这些因素，决定了华住的管理复杂度极高，必须有一整套完整的组织体系来支撑。

1. 人力资源 3 支柱

为了运用信仰、纪律、利益、爱这四种力量，将华住打造成一个有信仰、执行力强、充满爱的商业组织。

人力资源部门是确保企业组织管理落到实处的核心部门之一，华住人力资源的发展经历了 3 个阶段：2009 年之前是第 1 阶段，管理架构比较单一，总部只有 15 个主要的人员力量集中于门店，都是从单店层面解决入职、培训等事务。第 2 阶段从 2010 年年底开始，将整个公司划分为 10 个大区，开始单店层面的架构剥离，增加区域 HR（人力资源）概念，每个 HR 管 10 家店左右。第 3 阶段是 2014 年开始推动、2015 年探索运行的人力资源之支柱模式。

每个阶段的人力资源工作，侧重点各不相同，其根本目的，都是匹配公司不同发展时期的战略目标和核心业务，提供人力方面的保证和引领。

随着成立事业部，全力推动多元化发展，华住迫切要求人力资源进行有针对性的再造。3 支柱模式就是人力资源给出的答案，专家中心、业务伙伴、共享中心这3个支柱，从不同层面满足了公司的发展需求。专家中心聚焦整个公司战略，支撑公司战略落地，结合公司战略要求，做体系、架构、制度等方面的搭建和设计工作。业务伙伴推动人力资源深入公司的各个业务单元，平时一起办公，了解具体业务需求，成为沟通一线业务和总部平台的桥梁。共享中心承担大量跟员工利益息息相关的基础性服务工作，如入职离职、社保缴纳、薪资发放等。

专家中心就像炮兵，部署战略性、规模性的火力支撑，稳固大局：业务伙伴就像特种兵，在前线解决各类难题，帮助部队推进作战计划；共享中心则是后勤兵，提供高质量的物资保障，让战士们安心投入战斗。

在共享中心，人力资源一直通过标准化、流程化、自助化来提高服务效率，降低服务成本，比如，现在申请各种人事证明，员工都可以在提交审批流程后，在网上自助打印办理。

2. 赛马文化和七条赛道

多种多样的晋升通道是激活团队战斗力和凝聚力的重要抓手，也是华住一直倡导的奖励战功、赛马文化的具体体现。在华住，至少有七条赛道，鼓励“又红又专”的人才从不同维度脱颖而出。

第一条赛道是内部晋升。在区域经理这一层面，华住80%的干部是从内部成长起来的。

第二条赛道是选拔教练店长。几千名店长，不可能都成为管理者，晋级教练店长，是华住内部另一条晋升通道。

第三条赛道是内部血液流通。鼓励员工在不同事业部之间、事业部与平台之间、平台不同职能部门之间、不同城市或区域之间内部流动。这不仅能让员工有机会回到家乡本土作战，发挥所长，挖掘适合自己的新定位，也有助于华住开拓新市场，更是维系团队稳定性的重要平衡器。

第四条赛道是华住作为快速扩张发展的平台，不断拓展的新业务，不断给员工带来新机遇。

第五条赛道是华住的每场阶段性重大战役都需要优秀的人才攻坚，在集团吹响“群英集结号”时，有多大的能量，就会拥有多大的舞台。

第六条赛道是公开透明的绩效考核机制。每个季度的考核积分，都跟晋升、奖金等直接挂钩，坚守“能者上、庸者下、劣者汰”的鲜明用人导向。

第七条赛道是员工股权激励。通过期权、限制性股票等方式将公司的未来与员工的利益牢牢绑定在一起，每一位有主人翁精神的员工，都能通过自己的努力成为股东，乃至合伙人。

赛道	核心内容
1	内部晋升
2	选拔教练店长
3	内部血液流通
4	拓展新业务，带来新机遇
5	阶段性重大战役人才攻坚
6	公开透明的绩效考核机制
7	员工股权激励

图6–2　华住的赛马文化和七条赛道

员工的发展，以业务上的战功为依据，而业务成功需要培训作为保障和支持。华住大学高级副总裁王晨做得更干脆，他的课程直接将培训与实战结合在一起，理论学习跟公司业务紧密挂钩，实战成果也是培训的重要考核内容，并且占比更大。

附：

表 6-1　人才训练标准化技能重要性打分

手册名称	1分	2分	3分	4分	5分
企业商学院搭建					
连锁人才复制体系					
金牌店长课程开发					
销售冠军课程开发					
门店选址课程开发					
活动促销课程开发					
门店督导课程开发					
行动学习					
群策群力					
课程设计方法					
内训师授课技巧					
PPT课件设计方法					
生动幽默表达方法					
人才通关复制方法					
学员手册设计					
内训师授课手册					
人才梯队复制体系					
人才训练工具开发					
知识、技能、态度					
门店成功萃取方法					
门店训练考核方法					

黄埔军校的标准化训练体系：

从思想到战略：为什么开枪，向谁开枪；从战术到动作：场景化训练，训战结合；从教练到教材：实战型教官，标准手册；从艺术到传播：生动化演绎，寓乐寓教。

二、员工福利、训练和选用

（一）培训是一种福利

人才成长其实是一种苦修，如果将培训理解为福利那人才成长岂不是成了一种“享受”？松下幸之助有一句名言：“松下是做电器的，但首要的是育才，是将‘造物先造人’作为企业经营的根本，而不是把员工看成衙门里的流水兵。”

通用电气前首席执行官（Chief Executive Officer，CEO）杰克·韦尔奇（Jack Welch）在我国参加中央电视台财经频道的《对话》节目时曾说：“企业 85% 以上的人才需要依靠内部培养。”《基业长青》（*Built to Last*）的作者吉姆·柯林斯（Jim Collins）将人才内部培养的重要性提到了更高的高度。他说：“企业 97% 以上的高管需要依靠自身培养。”

京东创始人刘强东说自己只有两条用人逻辑：一是在能力范围内要市场上最贵的人；二是如果要不起，就花钱把普通人培养成最贵的人。

20 世纪 80 年代，“世纪 CEO”杰克·韦尔奇开始担任通用电气的第 8 任 CEO。韦尔奇上任后，坚持每年亲自执教至少 40 个小时，平均每个月去克劳顿管理学院（通用电气的企业大学）一两次，在宣讲自己战略愿景的同时通过互动式教学了解市场的前沿动态。

（二）结合公司战略，制定训练体系

连锁品牌经营，表面上是门店连锁，实际上是人才复制。

1. 连锁企业人才复制重要性

（1）缩短培训时间。

同样是培养店长，无店长标准化的企业需要 2 年，有的只需 10 个月。

（2）降低培训费用。

有门店标准化，不用过度依赖外部的讲师，自己就可以复制。

（3）提升企业利润。

门店标准化盈利复制，让连锁企业一次做对，不犯错。

2. 连锁企业人才复制：核心利益

（1）提高连锁企业的运营效率。

①快速扩张能力。通过人才复制，连锁企业能够迅速扩大业务规模，开设更多门店，从而抢占市场份额，提高品牌影响力。

②统一运营标准。复制的人才经过统一的培训和管理，能够确保各门店在运营过程中遵循相同的标准和流程，提高整体运营效率和服务质量。

（2）强化连锁企业的竞争优势。

①核心竞争力复制。连锁企业在人才复制过程中，会注重将企业的核心竞争力（如独特的经营理念、管理模式、产品优势等）传递给新员工，从而强化企业的竞争优势。

②关键岗位复制。连锁企业会识别并复制关键岗位的人才，如店长、销售经理等，这些人才对于门店的业绩和长期发展至关重要。通过复制这些关键岗位的人才，企业能够确保各门店在关键岗位上拥有高素质的人才队伍，进一步提升竞争优势。

（3）降低连锁企业的人才成本。

①减少培训成本。通过人才复制，连锁企业可以建立一套标准化的培训体系，新员工能够快速掌握所需技能和知识，从而降低培训成本。

②降低招聘难度。复制的人才往往已经具备了一定的行业经验和技

能，因此相对于完全从头开始招聘和培训新员工，复制人才能够降低招聘难度和成本。

（4）促进连锁企业的持续发展。

①人才储备。通过人才复制，连锁企业能够建立一个人才储备库，为企业的持续发展提供源源不断的人才支持。

②创新能力提升。复制的人才在掌握企业核心竞争力的同时，也能够带来新的思维和方法，促进企业的创新能力和发展活力。

（5）增强连锁企业的员工凝聚力和归属感。

①文化传承。通过人才复制，连锁企业能够将企业文化和价值观传递给新员工，增强员工的凝聚力和归属感。

②团队协作。复制的人才在培训过程中已经形成了良好的团队协作能力和默契，能够更快地融入团队，提高整体工作效率。

3. 连锁企业商学院

课程开发成果为课程包，不仅为学员提供高品质的学习内容，更为讲师授课提供了统一的授课语言与材料。

（1）课程是连锁商学院建设的核心。建议采用“行动式”课程开发，由课程开发专家和业务专家通力合作，开发40门左右精品课程。

（2）服务于“决胜终端”战略。零售线条通过终端标准化培训项目、金牌店长培训项目及提供在线学习资源，提高终端效率。

①零售培训师特训项目。分期培养（每期30人左右）零售种子培训师，成为客户及直营分公司培训专员和业务中坚力量。

②金牌店长特训项目。开发培训项目，按大区分期轮训终端店长（每期30人左右），提高终端营运管理水平、客户服务水平以及终端标准化。

③零售在线学习平台项目。适应零售终端分布范围广的特点，利用外部在线学习平台，开发在线课程资源，面向全部终端员工提供零售在线

课程。

（3）店长 / 督导 / 销售 / 员工标准能力单元课程模块。

（4）绘制学习地图。如图 6–3 所示。

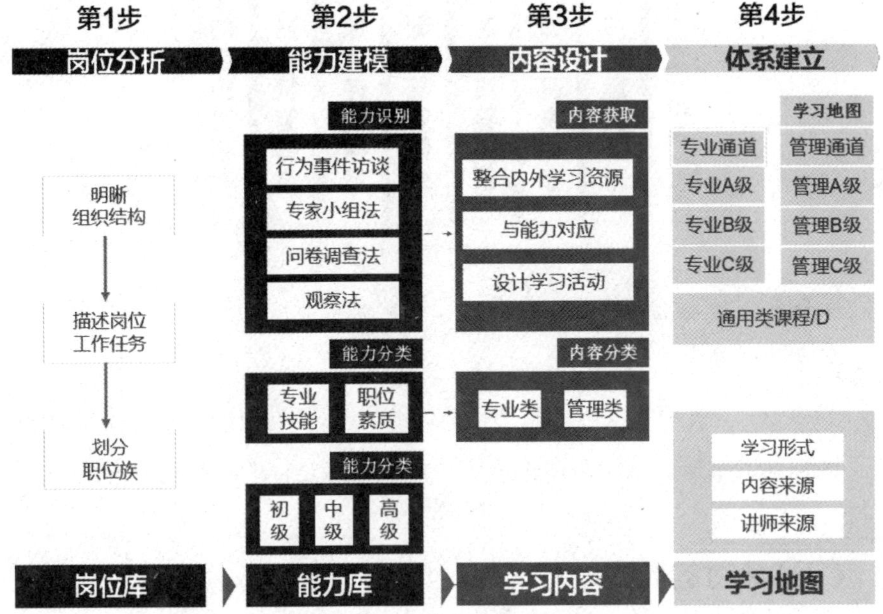

图6–3 绘制学习地图四步骤

（5）讲师发展。

图6–4 讲师的选、用、育和留

连锁商学院内部讲师的任职资格、发展规划、授课授权、培养策略、激励措施、职业晋升。

（6）**连锁总部训练体系**。即人才复制方法论。

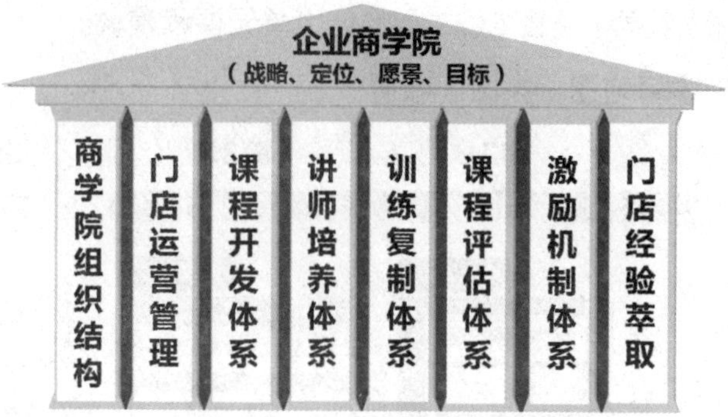

企业商学院
（战略、定位、愿景、目标）
商学院组织结构
门店运营管理
课程开发体系
讲师培养体系
训练复制体系
课程评估体系
激励机制体系
门店经验萃取

图6-5　人才复制方法论

英国哲学家霍金斯曾经说："如果哲学家不能成为管理者，那么管理者必须成为哲学家。"

马云说："别人可以拷贝我的模式，但不能拷贝我的苦难，不能拷贝我不断往前的激情，这个东西你一定要记住，这是你的核心竞争力。"

（三）人才的优胜劣汰

在提升人才密度的过程中，自然少不了人才的优胜劣汰。如同一块生铁，必须通过千锤百炼的锻打挤出杂质，才能百炼成钢。

团队成员走着走着就会分化，必然会出现不同的几类人，阿里巴巴称之为"人才盘点九宫格"。

1. 明星

能力突出、业绩突出、价值观正确的员工。

2. 黄牛

兢兢业业、任劳任怨、能力与业绩基本合格的员工。

3. 野狗

位于九宫格的左上角，即能力突出、业绩好但对企业价值观认同度极低的员工。这类员工往往有很大的迷惑性，如果不能迅速改变其价值观认同度，就必然会产生强大的反作用。长此以往，整个团队的价值观都会被削弱甚至走向反面，最后再被其狠狠地反咬一口。

4. 老白兔

位于九宫格的右下角，即业绩欠佳、没有什么发展潜力、多年无法晋升的员工。但是，他们对组织价值观认同度极高，工作态度极好。这类员工看起来“无害”，实际上会严重影响很多新人对企业的信任。他们占据了某些重要岗位，而这些岗位本来是可以给企业创造更多价值的。但是，因为他们的存在，企业没有看到或没有利用好这些机会。

5. 癞皮狗

业绩不佳、看不到成长与改变、对企业价值观认同度低，还赖着不走的员工。对于这类员工的危害，大家基本上都能意识到。

这里的“野狗”和“癞皮狗”是企业要首先清除的；看似无害的“老白兔”最好在他们还是“小白兔”的时候尽快处理；“黄牛”也需要高度关注避免他们慢慢地变成“野狗”、“癞皮狗”或“老白兔”。

案例：海底捞成功的奥秘在哪里

海底捞员工入职培训第一天的第一句话就是：双手改变命运。双手改变命运在海底捞不是一句口号，而是事实，因为每个人都必须用双手从服务员干起，只有把顾客伺候好了，你才可能往上晋升。

海底捞员工的晋升途径是独特的，一共有三条：

1. 管理晋升途径：新员工—合格员工——级员工—优秀员工—领班—大堂经理—店经理—区域经理—大区总经理—海底捞副总经理。

2. 技术晋升途径：新员工—合格员工——级员工—先进员工—标兵员工—劳模员工—功勋员工。

3. 后勤晋升途径：新员工—合格员工——级员工—先进员工—文员、出纳、会计、采购、物流、技术部开发部—业务经理。

这两个就是认可和成就，前面有一个认可，这边也有个认可，前面的认可是上司或者客户、同事对他的认可，这边的人则是他对自己的认可，这是不同的认可。成就，就是他在这个地方能取得名利等各方面的成就。这里说到“爱”，是大家对他的爱、情感、思想、交流，公司对他的重视的程度，可以让他获得大量的归属感。前面这两个都是物质和生存，就是通过物质和生存，也能获得这样的感受，即获得价值感和成就感。幸福感是精神和信仰的问题，员工也能一个阶梯一个阶梯来进行成长。

有了这些之后，手册写得差不多，内容编写得也差不多，这时候就开始进行验证，优化手册，组织进行判断：店长是不是有很多的岗位职责，内容是不是符合，手册有没有优化，或验证一下，或实际验证一下，然后建议反馈、建议汇总，比如，做岗位职责，做商品陈列，做销售辅导，做会员管理，做新媒体。做完之后如果觉得特别好，就进行汇总，然后编订，然后输出，形成自己想要的手册。比如，店长手册、销售手册、陈列手册，有这么多手册，这是按照手册划分。

现在，我们以一本手册来进行划分。比如，手册里有10大模块：岗位职责、辅导技能、销售技能、商品陈列，员工辅导、新媒体等。我们把每个模块进行划分，两个人负责一个模块，可以进行穿插，也可以做手册的优化。把手册做完后，就可以把企业成员积累的经验、技术通过文件的形式加以保存，不能因为人员流动造成整个技术或经验的流失，达到个人知道多少组织就知道多少，将个人的经验财富转化成企业的财富。

确定了这个标准之后，就能换不同的人来做，不会因为不同的人在效率和品质上出现太大的差异，这就是标准化沉淀下来后的一个好处，而不是只要求员工勤快、努力奋斗，要有指引的手册，有指引的标准，减少员工自己摸索，把标准化沉淀下来。

附：

表 6-2 员工的职业生涯规划

3000元	3000~3500元	3500~4000元	4000~4500元	4500~5000元	5000~5500元	5500~6000元	7000~8000/1万~20万元
							区域经理（DM）/店铺合伙人
						储备区域负责人（OFC）	管理多店能力
					大店长	盈利能力	市场洞察力
				店长	市场分析	完成目标能力	选人能力
			副店长	业绩诊断	业绩诊断	培养优秀人才	装修
		店助	业绩诊断	客诉处理	货品管理	市场流行方向	赚钱能力
	优秀店员	处理客诉	客诉处理	库存熟悉	固定资产管理	管理创新	
店员	员工技能	库存熟悉	库存熟悉	教练	各店统筹	管理能力	
员工手册	货品熟悉	销售技能技巧	人员分配、排班	处理人际关系	营销活动	业绩诊断	
企业文化手册	沟通力	创新加灵活运用	陈列知识	货品管理	营销策划	市场分析	
懂得合理称呼	服务质量	货品管理及订货	主动性	财务管理	社交能力	管理超大店能力	
基本店铺理解	销售技能技巧	人员分配、排班	良好的心态	产品了解	课件制作能力		

续表

3000元	3000~3500元	3500~4000元	4000~4500元	4500~5000元	5000~5500元	5500~6000元	7000~8000/1万~20万元
员工关键技能	陈列知识	陈列知识	培训员工	流程熟悉	培训导师		
门店制度		良好的心态		控场能力	创新能力		
货品熟悉							

三、连锁人才复制课程体系

（一）店长的进阶表

根据店长的职责来划分，可以出现很多体系，如岗位职责、数据分析、员工辅导、门店业绩诊断、商品陈列、进销存、销售话术、销售技能跟辅导。前面已经提到，做标准化是以让员工或门店先达到60分合格的标准为基础来做的，那我们掌握了很多知识。是优秀或卓越的技能，怎么办？这时候，就要分阶级地进行学习，或者分层级来进行掌握，如一星、二星、四星、五星、六星。比如，要想成为五星店长，必须到总部给员工培训，培训一个星期，或以多少课时为准，才能达到这个层级面。

想成为四星店长，起码要懂员工的辅导技能；想成为三星店长，起码要掌握数据的分析；想成为二星店长，起码要懂得员工销售话术和辅导流程；一星就是合格的店长，起码要对门店有整体认知，掌握岗位职责、商品进销存、周会例会、每天的工作流程、商品陈列等。

储备店长，起码要掌握每周、每日的工作流程，门店正常的运作。

先分阶梯来做，然后用一个表格来进行呈现。比如，企业文化，储备店长掌握就可以，自己知道就行。如果是店长，起码要能讲得出来；到了资深店长，起码能够激励或给员工进行培训。业绩管理、客户管理、选用育留、新媒体、直播运营、商圈运营、产品知识体系，根据层级不同或要求不同，可以分层级进行掌握。

这就是店长的进阶表，我们不指望让店长一次性地全部掌握，或者非常熟练，因为人的能力是螺旋式上升的，需要一步一步来的，就像小孩一样，先是刚出生的婴儿，然后到儿童，到小学生，到中学，到高中，到大学……店长类似一个晋升的机制，或者说能力培养要经过这样一个阶梯。

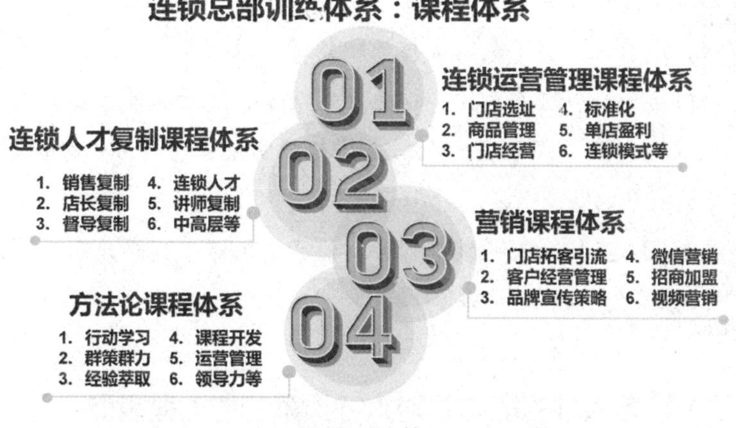

图6–6　连锁总部训练体系：课程体系

案例分析：优衣库

门店的储备经理，需要学习零售业的经营业务。代店长，实际上就是副店长，辅助店铺运营管理，这也是代理店长的职责；店长，是经营管理者，是门店的直接领导，需要进行数据的分析、填写财务报表，进行商品陈列、客户管理；储备店长，起码要懂得公司的品牌定位，要不断提高岗位的基本技能；再往上升就是旗舰店店长，然后是区域经理，最后到集团总部。这样就能让店长或店员看到晋升的渠道和通路。

接着，再来看一下培养体系。优衣库设定了超级明星店长人才的培养计划：第一，培训的内容，自我启发，就是发资料，包括自学手册、店长手册，需要自己学。第二，在岗教育，师徒制，由老店长带员工。第三，是集训，就是脱岗培训，不少于三次，第一次主要内容是优衣库的文化、理念、价值观，第二次是门店的辅导和门店营销，第三次是提升销售额、创造利润、库存管理和卖场安排，这也是阶梯式的。

自我学习就是手册或在线的视频学习，然后师傅带徒弟，就是店长带代店长、储备店长，先把这些内容进行划分，之后进行培训。做完之后要做认证，6 个月之后，对店长的资格进行考核，主要考核销售额、考核利润、考核代店长的辅助能力；当上明星店长后，还就要考核一下你有没有带动其他门店的能力和支持开新店、培养人的能力。

所以，店长的考核不是只考核业绩指标，很重要的一个指标要考核他有没有给门店和公司培养人才、培养储备店长，然后派外出去开店，这时候就可以成为门店正式的负责人，成为超级明星，他就可以做区域经理，或者成为旗舰店的店长。

这就是优衣库从店长的级别划分到能力的培养，到晋升通道，以及对各项指标的考核，都非常清晰。

（二）培养人才的能力和对人才贡献的能力很重要

我们一直强调，培养公司人才的能力和对人才贡献的能力很重要。只会管自己一家门店，只愿意为自己的门店做事，不愿意培养人才，对公司没有其他太大的贡献。而在优衣库，有没有对其他门店人员进行指导，有没有培养其他店长的能力，都是核心的管理指标。同样员工也有自己的晋升通道，即“店员—训练员—店长—督导—部门经理”。

员工实际上也需要标准化，比如，如果你是卖钻石的，标准是首先你能够卖钻石，要掌握技能，掌握钻石的一些知识和体系、4C 的一些标准；掌握之后，就能做训练员，如果你还能带一下新员工或师傅带徒弟，就有可能上升到店长这个级别，这个级别又分一星、二星、储备店长。然后，完成运营管理，独立运营门店后，就能上升到督导这个层面。督导都是从店长晋升起来的。

员工的晋升通道就是这样，如果要做得再严谨一点，为了让员工看到更大的希望，最好再标上月份或年份，比如，技能的考核，6个月进行一次，通过后你就会晋升到合格的店员。如果要做训练员，可能要花费一年、一年零两个月，还是一年零三个月。如果要上升到店长，需要一年还是两年；从店长上升到督导，是两年还是两年半……

如果再做得更详细一点，就是每晋升一级都有相应的薪酬待遇和福利。对于员工来讲，这个冲击力、动力更强，更能产生鞭策感。有了视觉化以后，员工就能看得明白。如果看不明白，员工不知道什么时候能干到店长，就很难成长。

案例分析：汉堡大学对店长的训练

汉堡大学对店长的培训，内容有储备店长、协助店长、加强与小时工的交流、进行小时工的训练；储备店长，先要掌握这项内容，协助店长进行作业的分配，指挥餐厅的运营，包括卫生、汉堡、商品、人员等。此外还包括人员的培养、经费的控制、销售促销等经营管理。第一店长代理，要学习餐厅的经营管理知识、市场营销、财务管理、机械设备、心理学等，还要学习一些设备基本故障的修理等。餐厅最高负责人，上升到一级、二级之后，就正式成为店长，通过讨论会等形式学习最高的经营知识，不仅要学，还要能讲得出来。

上升到运营督导时，就要管8~10家店，作为督导，要学习如何协调和辅助店长进行餐饮的知识和技能，也就是说，要对店长进行训练，让店长掌握相关技能，包括辅导技能、财务知识、人员管理、沟通、餐饮的知识体系。运营督导经理，要对整个公司组织进行管理，要管6~8个运行督导，每个运行督导下面都管理8家店或10家店，需要充分了解整个公司经营的方向，将公司的战略落地或为未来做活动，不断地鞭策，提出自己的经营策略。

（三）建立标准化体系，减少人才流失

在这个训练体系中，你到了什么层级，就应该学习什么知识，那这些知识都来自哪里？总部！总部本身要有这个知识体系，如果没有，就要求基层的管理者能力更强，要掌握这些内容；如果有标准化，就不需要了，只要按照我们的流程和方法进行操作就可以了。

总部不是仅要求员工去勤快，去努力，去奋斗，要变通，要学会摸索转化知识，这就是没有标准化和有标准化的区别。总是让员工去变通，管理者就是在偷懒，管理者没有方法，希望激发员工的潜能，这是错误的做法。

从经营管理体制上来说，20年前你可以这样做，因为中国的管理体系还没有完全成熟，但现在你还让大家摸索着前进，那就很落后了。所以，为了减少摸索的时间，提高成交率和成功率，就要建立自己的标准化。

不过，这里有一个很大的问题。有些人说，我们给很多员工做了培训，但培训完他们就离职了，我们觉得这个不划算。员工之所以会这样做，多半是因为你自己没有培训体系和标准化体系，害怕人员流失，每次都是派到外面学习；同时，没有沉淀自己的知识体系，害怕员工离职。只有建立标准化体系，才不用害怕人才流失，因为你自己有能够孵化人才的团队，有自己的课程体系，有自己的标准体系，有自己的内训师体系。

凡是成功的企业，都是这个行业的黄埔军校，都能为行业贡献很多人才。比如，腾讯、百度、阿里巴巴等公司，都为整个互联网行业提供了非常多的人才。如果你也能为行业贡献很多人才，至少说明公司已经发展得非常大，为整个行业输送了大量的人才。

附：

表 6-3　例会执行一览表：常规流程+例会参考主题+工具

<table>
<tr><th></th><th>常规流程</th><th>主题</th><th>工具</th></tr>
<tr><td>早会</td><td>1.准备（业绩报告、各项资料）
2.宣布例会开始
3.公司训导或带动士气活动
4.清点考勤
5.展开例会内容
6.早会结束</td><td rowspan="6">1.公司制度、新文件、通知
2.日销售业绩报告
3.案例讨论
4.客户信息讨论
5.销售技巧培训
6.服务技巧培训
7.产品知识培训
8.销售话术背诵
9.新产品卖点FABE检查
10.陈列培训
11.电话回访培训
12.大单销售经验分享
13.竞争者信息调查
14.货品结构分析
15.公司理念宣导
16.个人经验总结</td><td rowspan="4">日例会检查表</td></tr>
<tr><td>交班会</td><td>1.产品交接、信息交接、重要事项交代、更换陈列等
2.交接班签字</td></tr>
<tr><td>午会</td><td>1.对照目标，对照结果
2.改进方法</td></tr>
<tr><td>晚会</td><td>1.环境整理
2.当天目标布告
3.其他内容
4.班后会结束</td></tr>
<tr><td>半月会</td><td>1.上旬业绩分析布告
2.例会内容开展
3.下旬目标布告
4.旬会签字</td><td rowspan="2">半月/月例会记录表</td></tr>
<tr><td>月会</td><td>1.上旬业绩分析布告
2.例会内容开展
3.下月目标布告
4.月会签字</td></tr>
</table>

四、门店人才的培训与学习

美国管理专家詹姆斯·罗宾斯（James Robbins）在《敬业》（*Respect Calling*）一书中这样总结："职业给予人的薪水仅仅是员工工作报酬的一部分，而且是很少的一部分。除了薪水，职业给予人的报酬还有珍贵的经验、良好的训练、才能的表现和品格的建立。这些东西与通过金钱形式体现的薪水相比，价值要高出很多倍。”

罗宾斯的话没有错，但不少企业在理解上出现了偏差。当领导让人力资源部组织一次中高层培训时，经常会听到类似的话：“大家平时上班都很辛苦，周末找个环境好的地方组织一下这次培训，顺便让大家放松一下。”

将培训视为公司提供给员工的一种福利，这样的培训理念是存在的，甚至一些较为知名的企业也这样认为。如果你们也像上面这家公司这样想、这样做，培训离失败也就不远了。

（一）仗怎么打，兵就怎么练！

华为的人才培养指导思想是什么？华为力求在课堂上搭建的场景与实际工作场景一致，力求在尽可能逼真的环境中实施培训。正如任正非所说：“仗怎么打，兵就怎么练！”

既然人才培养讲究训战结合，那么如何才能做到训战结合呢？人才培养有一个法则叫“7-2-1 学习法则”，通用电气、华为、阿里巴巴等优秀企业都在应用该法则。

按照“7-2-1 学习法则”，人才在学习成长的过程中：70% 的成果来自富有挑战性的工作实践（挑战性工作、实践锻炼、岗位轮换等）；20% 的成果来自互动学习（传帮带、工作过程指导、团队共创学习交流复盘等）；10% 的成果来自知识传授（培训、自学等）。

在华为的内部课程中，课程引导和讲授只占 20%，有 50% 是学员在课堂上进行研讨、模拟演练和竞赛，还有 30% 是学员在晚课中进行案例研讨。华为如此设计课程，一方面可以保证课堂生动不枯燥；另一方面也能促进学员将所学与业务场景紧密地结合起来，真正做到学以致用。

明白了“7-2-1 学习法则”之后，如果按照字面意思理解训战结合、就很容易将其理解为：人才培养需要先培训上课，然后开展案例分享，最后在岗位上实践锻炼。换句话说，就是将“7–2–1 学习法则”和训战结合理解为“先培训，再实战”，即先训后战。

这种理解对吗？不能说完全不对，但这样的理解有些片面，甚至在某些情况下是无法操作的。我们看看以下 3 个场景。

场景 1：员工排斥上课，不愿意参加培训。

场景 2：没有现成的教材，等开发完教材再上课、实战，时间来不及了。

场景 3：企业过去没有积累，培训教材开发不出来。

如果你真正理解人才成长的真谛，即使遇到以上 3 个场景，仍然有办法进行人才培养，实现人才成长的目标。

训战结合并不是将训与战截然分开，两者本来就是融为一体的。根据具体情况，我们既可以采取先训后战的模式，也可以采取问题共创的边训边战模式。问题共创既是学习、训的过程，也是解决问题、战的过程。

（二）谁来教：“将军”亲授、贴身指导

“用最优秀的人，培养更优秀的人”，这句话的道理并不深奥，也不是华为原创的，而是华为从日本企业界借鉴而来的。

为什么倡导“用最优秀的人，培养更优秀的人”，华为有双重考虑。只有确保走上讲台的人是企业最优秀的人，才能保证人才培养效果，任正非经常说“华为最大的浪费就是经验的浪费”，只有“用最优秀的人，培养更优秀的人”，才能保证组织经验得到有效的传承。对担任讲师的人而言，他们走上讲台反映了企业对他们的认可——他们就是企业最优秀的人，这也是一种无形的激励。

阿里巴巴“销售铁军”创建之初，在总结内部培训的经验时提出，最惨痛的错误之一是“让不优秀的老人带新人”。在初期，销售人员的离职率和转岗率很高，很多业绩一般的人干累了就申请转岗，相当比例的人转

岗去做培训。这样的路径似乎不错，至少“肥水不流外人田”。但是，在这种模式下很难培养出真正的人才。

阿里巴巴后续建立的人才培养体系非常强调“隔代带兵、贴身亲带”例如，马云带“风清扬班”时，所带的人都是隔代的、年轻的事业部总裁，阿里巴巴为什么特别强调“隔代带兵”呢？

“直接带兵”容易受到私心的影响，直接主管会担心培养出来的人把自己顶掉，这个道理大家都懂。“隔代带兵”可以排除私心的干扰，还可以帮助培养对象打开格局。

“隔代带兵”不仅提升了人才培养的层次，还能让主管领导管理直接下级、“看到”隔级下级，相当于“管一层、看一层”，实际上抓住了两层干部队伍。在这样的模式下，无论是业务方向还是干部的思想动态，都是可控的，不太可能出现大幅度的偏差。

优衣库的店长培养也是如此。优衣库通过考核将店长划分为三个级别——一般店长、明星店长和超级明星店长。经过销售额、利润、人员培养等指标考核及层层选拔，最终挑选出来的超级明星店长是所有店长中最优秀的一批人才，这批人才是优衣库的开路先锋，在担负开新店这一重任的同时承担着培养新店长的职责。

显然，在制定人才培养目标时，学员目标（个人收益）与业务目标（组织收益）重合的部分越多，人才培养的价值就越能得到充分的体现。

（三）成人学习金字塔——学习保持率

在授课方面，有个成人学习的金字塔。什么叫金字塔？就是讲座纯靠讲，或者专题的只有 5%；个人阅读的是 10%；视听资料在 20%；现场示范，像今天我们的讲解 20% 左右；现场示范和分组讨论在 50% 左右；如果边听讲边做笔试和笔记、作业，就会学到 60%。学了之后马上回去运用和培训下属，就能获得 90% 的知识。因为人的遗忘曲线很快，一个星期后，大概能保持在 20%，所以学完之后最好的方法就是教别人，因为分享是最好的学习。

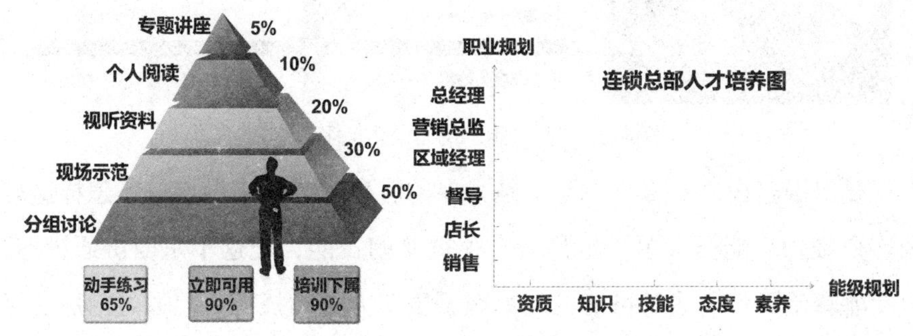

图6–7　成人学习金字塔

这就是线下无法与线上培训相比的原因。未来如果有机会，我们会到企业内部去做，帮大家一起来提炼门店标准化，减少摸索的时间，提高体验感。现场的讲解方式，我们学习在 20%，如果你现在还在做笔记，就是成年人的学习经验。如果你要做讲师，要给店长培训，就要先做他的学生，看一下他的需求是什么，他的工作岗位是怎么样的，或者目前遇到的难题有哪些，定制性的开发，学员受益才会更大。

所以在职业规划上，如销售、店长、督导、区域经理、营销总监、总经理，知识、技能、态度和素养，要按照层级，未来回到岗位上，对它进行划分。比如，资质，是大专毕业还是高中毕业，以及知识、技能、态度。在人才训练和复制体系里做，批量复制人才，建立自己的人才池，才是未来企业要做的。要有自己的造血系统，而不是找外面的老师来进行讲解。

连锁企业未来有自己的课程体系，有自己的讲师体系。如果大家在课程体系和结构表达上不知道怎么做，建议大家买一本书，麦肯锡的《金字塔原理》，去看看。

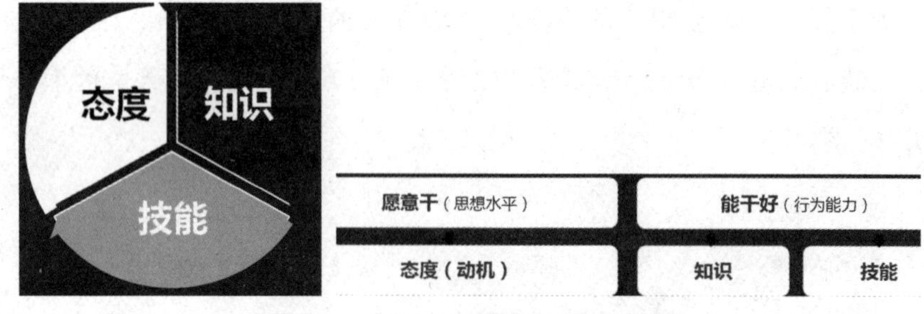

图6-8　多门店人才的标准化复制

要识别客户，什么样的客户是大单的客户？怎样来做连单，怎样做好老客户维护。能做大单，也是一个很重要的技能，把这个东西讲通讲透，业绩能够治百病。店长可能已经掌握了很多方法和技能，但通过门店业绩的诊断，从客户的购买力、客单价、成交率、连单率，包括商品的畅销滞销、商品的组合等，调整经营策略。所以，没必要每次都做两天或一天的培训，可以把每一个课程进行拆分单元，每个单元进行拆分，将辅导技能、培训技能或销售技能、沟通技能、陈列技能进行拆分，之后再进行知识的覆盖。

有了这些内容后，如果要做课程，就开发模块，可以组织内部探讨或训练；如果已经做了标准化的手册，就不用了。如果没有标准化内容，要进行访谈，比如，大单是怎么做的，采用专家小组法、问卷调查法、观察法。比如，有个高手很擅长做大单，首先暗访他，其次访谈他，找到他成交大单的方法和策略，做成学习或经验萃取的模块。之后，再选择讲师，标杆、店长、区域经理、总经理等都可以做老师，教他怎样讲课。授课认证通过后给予他们任职资格证。

很多人不会讲课，有些营销人员最害怕的就是讲课，只要一上台讲话，手拿话筒就发抖，抖得特别厉害，实际上他很想讲好，只不过可能没有这样的勇气。其实，不走上讲台，你永远都不会讲课，所有的管理者以前都是监督者、执行者，未来都要变成赋能型的领导者、培训者、辅导者以及教练。既然如此，就要学会讲课，刚开始可能讲得不是很好，但后来就会越讲越好。未来如果想在职业上走得更远，事业更开阔一点，职位更高一点，就要掌握授课技巧和讲课技巧，未来领导者必备的技能就是授课。

如开车，转弯要打转向灯，叫知识。到了转弯处，在左手边，可以拨一下转向灯，这叫技能。但他看到转弯的道路上没有人，没有车，只有自己一辆车，索性就不打转向灯了，这就是态度问题。知识解决的是知不知道的问题，技能解决的是会不会做的问题，态度解决的是愿不愿意做的问题。

态度和动机、知识和技能，就是知不知道、会不会做、愿不愿意做，最难做的是态度类模块。

1. 知识类

比如，客户来了，要迎宾，就是知识类的。怎样迎宾，属于技能类的，完全可以通过训练提高。凡是知识类的知识，都可以通过笔试方法进行考核，主要方法有两个：一种通过笔试，出试卷进行考核。另一种叫口述，即用语言来表达，进行情景模拟，比如，如果你觉得连单技能特别重要，店长的辅导技能特别重要，店长的沟通技能特别重要，就要通过技能，通过情景模拟来进行训练。

2. 态度类

教学一般分为两种：一种是奖惩，做得好，有什么奖励；没做好，有什么惩罚。另一种是，通过案例教学，交警叮嘱大家不要闯红灯，骑电动车要戴头盔，但依然有很多人不愿意戴头盔。怎么办？先到交警岗亭里看 20 分钟视频，“你看，那个人没戴头盔，大货车一过来，把人脑袋给压没了”，进行案例教学。如果你开着一家药店，大年三十，过年闭店，你正要吃年夜饭，有个客户给你打电话，说想买药，很着急。接到客户电话后，你马上去门店开门，把药卖给他，这就做到了客户第一。

记住，知识是通过笔试或口述，技能类是通过情景模拟，态度类是通过案例教学，把知识体系训练下去。

后　记

门店标准化盈利复制。

选址要跟上，门店盈利有保证。标准要跟上，简单操作有流程。

流程要跟上，人人做事有方法。管理要跟上，门店不乱有业绩。

经营要跟上，业绩诊断有提升。营销要跟上，活动促销有客户。

服务要跟上，客户满意有复购。奖惩要跟上，绩效考核有动力。

销售要跟上，大单成交有策略。店长要跟上，店店盈利有利润。

督导要跟上，政策落地有辅导。讲师要跟上，人才复制有课件。

训练要跟上，人才辈出有高手。标杆营销让连锁企业环环连锁。

俗话说："太阳底下没有新鲜事！"

以前很好用的销售方法为什么没用了，因为客户购买行为与认知发生变化了；以前管理员工的好方法为什么没用了，因为员工对工作与激励要求发生变化；以前门店运营管理很好的方法没用了，因为市场竞争发生了变化，而你没变化；全面协助连锁企业升级 6.0 版本。

门店标准化盈利复制。

结合客户体验升级门店标准化；结合门店盈利升级店长标准化；

结合店员操作升级技能标准化；结合经营管理升级运营标准化；

结合绩效考核升级督导标准化；结合人才复制升级训练标准化。

参考文献

［1］季琦．创始人季琦手记［M］．长沙：湖南人民出版社，2018.

［2］邓斌．华为成长之路［M］．北京：人民邮电出版社，2020.

［3］林静宜．鼎泰丰自述：有温度的完美［M］．上海：文汇出版社，2017.

［4］莱克，梅尔．丰田人才精益模式［M］．钱峰，译．北京：机械工业出版社，2023.

［5］蹇桂生．海底捞，经营的不是餐饮［M］．北京：北京大学出版社，2020.

［6］黄铁鹰．海底捞你学不会［M］．北京：中信出版集团，2015.

［7］法铃木健一．麦当劳工作［M］．赵海涛，译．北京：北京时代华文书局，2015.

［8］王奋．四项修炼持续成功的连锁［M］．北京：机械工业出版社，2024.

［9］范金．华为如何培养人［M］．北京：人民邮电出版社，2022.

［10］霍华德·舒尔茨，多莉·琼斯·扬．将心注入—— 一杯咖啡成就星巴克传奇［M］．文敏，译．北京：中信出版集团，2015.

［11］松井忠三．解密无印良品［M］．吕灵芝，译．北京：新星出版社，2019.

［12］戚德志．未尽之美　华住十五年［M］．北京：中信出版集团，2021.

［13］刘杨．觉醒胖东来［M］．北京：中国广播影视出版社，2023.

［14］松井忠三．无印良品育才法则［M］．吕灵芝，译．北京：新星出版社，2015.

［15］贾国龙．西贝的服务员为什么总爱笑［M］．上海：文汇出版社，2019.

［16］吴国建，景成芳．华为组织力［M］．北京：中信出版社，2022.

［17］付守永．跟胖东来学经营［M］．北京：中华工商联合出版社，2022.

［18］李顺军．海底捞店长日记［M］．北京：东方出版中心，2020.

［19］庞涛．华为训战［M］．北京：机械工业出版社，2020.